80歳。いよいよこれから私の人生

多良久美子

はじめに

私は北九州の郊外で、夫と障がいを持つ息子の3人で暮らしています。娘がいましたが、8年前に癌で亡くなりました。

今年81歳の私も85歳の夫も、いつ介護が始まってもおかしくない年代です。頼れる子どもや孫はいません。

55歳になる息子は、4歳のときにかかった麻疹（はしか）によって、最重度の知的障がい者になりました。以来、家族で面倒を見ながら養護学校、通園施設などに通い、今は近くの生活介護事業所に入所しました。平日はそこで暮らし、土日は家に帰ってきます。

息子が病気になった当初、受け入れられずに苦しい毎日を過ごしていました。近くに住む、息子と同じ年の子どもたちの元気な姿を見て、落ち込んでいたのです。そんななか、縁あって、今住んでいる場所へ引っ越しを決めました。

つらい状況から逃げたのですが、当時は家もほとんどない、田んぼが広がる田舎。子どもの頃から町育ちだった私は、「こんな田舎に住めるのかな」と暗い気持ちになったものでした。さらに、息子の障がいを気にして、「誰とも会わずに、ひっそり生活したい」と家に閉じこもりがちでした。

でも、徐々に、「このままではいけない」と思うようになりました。息子を連れて外に出るのが大変だったので、料理、インテリア、縫い物など家の中でできることで、楽しく暮らす工夫を始めました。

そして、同じように障がいを持つ子どもを育てているお母さんたちに出会い、少しずつ気持ちが前向きになっていきました。それから約50年、いろいろな経験を重ね、ずっと同じ場所で暮らしています。住めば都。今では、この場所が故郷です。

息子のことがきっかけで福祉の世界に縁ができ、60代から2年ほど前まで社協の仕事をお手伝いしました。若い頃の頼りない私からは想像ができませんが、困っている人を支える側になったのです。

仕事を通して福祉を学び、これから始まる自分の介護、そして息子の老後に備えることができました。

私の姉は「Earthおばあちゃんねる」というYouTubeチャンネルを孫と2人で運営している、多良美智子です。姉は著書『87歳、古い団地で愉しむひとりの暮らし』を出版し、たくさんの方に読んでいただきました。

80代になって、人生何が起こるかわからないなと思っていたら、姉に私のことを聞いた出版社の方から、「久美子さんの体験を本にしませんか」と、まさかのお声がけがありました。

仕事を引退した、地方で暮らす普通の主婦なのにとびっくりして、戸惑うばかり。元々、人前に出るようなタイプでもなく、引っ込み思案な性格なのです。

でも、「飾らずに、ありのままでいいんです」と言っていただいたので、少し安心しました。亡くなった娘のお婿さんに、背中を押されたこともあり、80代になって新しい挑戦ができるなんてありがたいこと、と考えてお引き受けしました。

この本では、私のありのままの暮らしを紹介しています。この家に引っ越してきた頃は暗い気持ちで不安だらけでしたが、50年かけて徐々に変わっていきました。80代の今、不安がなく毎日が楽しいのです。やりたいことが、まだまだたくさんあります。

私の暮らしが、この本を手にとってくださった方にとって、何か少しでもお役に立つことができれば、とてもありがたく思います。

はじめに ―― 2

第1章　80歳。いよいよこれから私の人生

するべきことは皆終えた――あとは1日1日を楽しむのみ！ 16
2歳で被爆、翌年母を亡くす。家業の倒産で進学をあきらめて 22
麻疹により4歳の息子が最重度知的障がいに。生活は一変 29
娘は癌で早逝。頼れる子や孫のいる「安泰な老後」ではないけれど 38
先のことを思いわずらわない。今日1日乗り切るのを毎日くり返して 45
良いときも悪いときも永遠には続かない。だから良いときを満喫しておく 50

第2章　1日1日の暮らしを大いに楽しんで

家の中にこそ楽しいこと、変化がたくさん詰まっている　54
朝仕事は9時までに、夕食の晩酌で締め。決まった生活時間がメリハリに　60
すべて片づいた夜9時からの3時間が、私のゴールデンタイム　64
ありふれた料理も、器が助けてくれる　74
私の料理はずっと、15分で用意できる「クイック料理」です　79
私のクイック料理　82
三枚肉のチャーシュー風／鶏もも肉の酒蒸し／砂肝ポン酢和え／鶏レバーのショウガ焼き／キャベツのサラダ／簡単漬物／何でも酢

作っておくと便利な冷凍 88
鶏ミンチボール（鶏団子）／豚ミートボール／
薄揚げの煮物／ショウガは一度に下処理
「一汁一菜」を取り入れて。80代は食べるのも作るのもシンプル化 90
「一汁一菜」のバリエーション 93
節分に紅白豆、端午の節句に和風ハーブ湯…季節の行事を楽しんで 97
甘夏でマーマレード、かぼすでポン酢醤油…旬の果実で保存食作り 102

第3章 元気でいる秘訣

私の元気は「気持ちが先」で、体は後からついてくる 110

運動嫌い。代わりに家事をジムのトレーニングと思って　113
「体に良いもの」をおいしく食べたい。今は発酵食品作りに励んでます　117
発酵食品いろいろ　121
——味噌／甘酒／ヨーグルト／
玉ねぎ麹のドレッシング／納豆
「明日の用事」を考えて、前向きな気分で眠りにつく　124
80歳前まで続けた社協の仕事。大きな張り合いだった　126
小さなことでいいから、人を助ける。「話を聞く」だけでも　130
ピアノも織り物も、器や布を巡る旅も…したいことはまだまだたくさん　135
元来、新しもの好き。若い人たちのすすめや誘いにはどんどん乗って　140

第４章　節約も楽しみに変えながら

ずっと家計は大変だった。今も年金の中で簡素に暮らしています　146
お金の心配ばかりするのもつまらない。大事と思う出費は惜しまずに　149
電気代アップは家電買い換えのチャンス。節約も楽しいイベントに変える　153
家計簿を再開。支出の変動をデータ分析して楽しんでいます　158
手土産や来客のおもてなしは、素材にこだわった手作りお菓子で　162

第５章　人間関係は踏み込みすぎずに

いつでも「オープンでいる」ことで生きやすくなった　170
人の家庭事情に立ち入らない。踏み込みすぎれば人間関係はぎくしゃくする　174
「楽しい話」をするように心がけています　177
平均年齢83歳の飲み仲間「ドリンク４」。月1回の貴重な情報交換の場　180
土日に外出できないなら平日出かける。人と比べず、私は私で楽しめばいい　183

第6章　この先行く道のこと

「お墓に行くまでのルート」はちゃんと用意されているから大丈夫　188
社協という心強い存在。福祉サービスの知識で不安が消える　192
介護しやすいようにプチリフォーム。在宅生活を長く続けるために　197

障がい者の息子にはすでに成年後見をつけてあります　200
お葬式も戒名もいらない。残された人たちのために遺言書を用意して　204
「昔はよかった」とは思わない。いつでも今が一番いい　206
50年以上、私の人生を見守ってくれた庭の欅を眺めながら死にたい　209

姉妹対談　多良美智子　213

第1章

80歳。いよいよこれから私の人生

するべきことは皆終えた——
あとは1日1日を楽しむのみ！

80歳を前にして、地元の社協（社会福祉協議会）から受けていた仕事を、引退させてもらいました。長年続けていた「障がい児・者の親の会」も若い人にゆだね、相談役のような立場に。

まだ体は動くものの、元気なうちにやめたい、余力をもって次にいきたいという思いでした。

これからいよいよ、自分のしたいことを思いきりできる生活が始まる。

なかでも、50代から始めた趣味の織り物。この数十年、家事に介護に仕事にと日々忙しく、細切れ時間をかき集めてやってきたけれど、これからはたっぷりとまとまった時間がとれる。楽しみでしかたがない……。

そんな気持ちをもって、80代を迎えました。今81歳ですが、実際にその通りになっています。

今、人生の満足度は100％に近いです。「こんな幸せなときが、私にも来るんだ」という気持ちです。

外から見たら、とてもそうは思えない状況かもしれません。

55歳の息子は、麻疹による脳炎のため、4歳で最重度の知的障がい者となりました。平日は近くの施設（生活介護事業所）で暮らし、土日に家に帰ってくる生活です。

息子の下に娘がいましたが、8年前、癌により46歳の若さで亡くなりました。娘夫婦に子どもはなく、孫もいません。

4歳年上の夫は85歳。いつ介護が必要になってもおかしくない年齢です。私自身も人のことは言えません。

そんな危なっかしい暮らしですが、ちょうど今、均衡を保てています。

息子がぜん息だったので、布製のカーテンから竹のブラインドに。知人の手作りです。お気に入りのインテリアになりました。

息子が障がい児となった50年ほど前は、障がい者福祉がまだ充実しておらず、子育ては大変でした。近くに養護学校（当時・現在は特別支援学校）がなく、車で4時間かけて毎日送り迎えをしていたことも。

でも、だんだん養護学校や施設が増えてきました。息子は28歳からお世話になっている今の施設での生活にすっかり慣れ、落ち着いています。

息子が病気になったときから、同居して支えてくれた夫の両親を、それぞれ90代で見送りました。娘の闘病の3年間を支え、最期の1ヵ月は本人の希望で福岡に戻り、わが家で見送りました。

そして、仕事仕舞いもし……。やるべきことは、みなやり遂げました。収まるべきところにすべてが収まりました。生き残った家族3人はなんとか元気、ゆったりと静かで平穏な毎日です。

もちろん、この均衡はいつ崩れてもおかしくないのは承知しています。これからもきっと、山坂あるでしょう。でも、何か起きたときは、なんとかやるぞー、がんばるぞー！という思いです。

この80年の人生で、様々なことが起こり、そのたびになんとか乗り越えてきました。何かしら方法が見つかり、必ず道が開けました。だから、この先何が起きても、きっとなんとかなる、なんとかやれると思っています。

思い返すと、それは高校生のとき、父の会社が倒産したことが始まりだったような気がします。

2歳で被爆、翌年母を亡くす。家業の倒産で進学をあきらめて

1942年、長崎で8人きょうだいの8番目として生まれました。

YouTube「Earthおばあちゃんねる」の美智子姉はすぐ上ですが、8歳違います。6人の姉たちはそれぞれ、2歳差か年子で年齢が近いのですが、私だけポツンと離れた末っ子です。

2歳のときに被爆し、終戦を迎えました。母は翌年子宮癌で亡くなり、私の中に母の記憶はまったくありません。私にとって、親と言えば父のことです。

わが家は戦前から果物の卸し業を営んでいましたが、戦後は青果物を香港や東南アジアに輸出する貿易会社でした。

生前の父。中央の写真は、父の隣の小さい子が私。その後ろにいるのが美智子姉。父が友人と飲み交わしている写真は好きな表情です。

明治生まれで寡黙な父とはあまり接した記憶がなく、遠くから見るだけ。家は事務所を兼ねており、思い出すのは机に向かって難しい顔をしている父の姿です。

でも、仕事が終わると、仲のいい友人と火鉢を囲んでお酒を飲みます。そのときは楽しそうで、浮かべる表情も優しく、とてもいいものでした。

当時、青果物の運搬は主に船便で、予定通りにうまくいくこともあれば、天候が悪くて到着が遅れ、青果物が腐ってしまうことも。羽振りがいいときもありましたが、収入は不安定でした。

父は親分肌の人でした。いつも大勢の人を家に招き、もてなしていました。困っている人がいれば放っておけない、頼られれば絶対に断らない人でした。

そうして、私が高校生になる頃、父が知人の借金の保証人になり、保証倒れとなって会社が倒産しました。

姉たちがいくら「保証人にだけはならないで」と言っても、父は聞く耳をもたず、ハンコを押してしまったそうです。かつては母が後ろからしっかり手綱を引いていたのですが、母が亡くなってからは「糸の切れた凧のよう」だったとのこと。

忘れられないのは、ちょうど遊びに来た友達に、家中に差し押さえの赤札が貼られているのを見られたこと。本当に恥ずかしい思いをしました。

財産を失い、事務所兼自宅の大きな家から、２間しかないアパートに引っ越しました。その頃には、すでに姉たちは嫁いでおり、美智子姉も大阪の叔父のもとへ働きに出ていたので、父と私の２人でした。

親の会社の倒産、そこからの転落は、15歳の子どもには大きな衝撃でした。

思い返すと、これがこの人生の始まりだったのかな、とも。その後の苦労はすべて、どのシーンを思い浮かべても、無駄はひとつもない。すべてがあって、今の自分がある。苦労が次の苦労の糧になっている。そんなふうに思うのです。

つつましい生活ながらも、高校に通うことはできました。けれども、「美術系の大学へ進学したい」という夢は、「わが家の経済状況では到底無理だろう」とあきらめ、高校卒業後は就職しました。

父が亡くなったのは、私が19歳のときでした。荷物を運搬する仕事中に乗っていた車で、交通事故に遭ったのです。

最近になって美智子姉が、「お母さんが呼んだのかなと思った」と言いました。倒産してすべてを失い、何かを始めたくてもお金がなかった父。そんな父を楽にしたいと、本当に母が呼んだのかもしれません。

小さいときも、ふたり暮らしになってからも、父とあまり会話をした記憶はありません。でも、姉たちとは歳の離れた末っ子だったので、かわいがられていたようには思います。倒産後のアパート暮らしでも、毎日のご飯やお弁当は父が作ってくれていました。

父と話した思い出としては、中学校に入学したばかりのときのこと。話があると呼ばれて行くと、

「これからは、進路のことなど、自分で選択をしないといけないことが出てくる。そ

のときは、ちょっとだけ難しいほうを選びなさい」

と言われました。

当時はまだ子どもだったので、真意がよく理解できませんでした。けれども、その後、その言葉の意味がわかる場面に、何度も遭遇することになります。

人生の選択は、大変なほうを選べば挫折してしまうこともある。簡単なほうでは成長しない。少しだけ難しいほうを選べば、自力で乗り越えて、先に進んでいける。自分の人生を重ねて、父の言葉の意味を理解していきました。

父の言葉はずっと心に残り、今でも私の人生の指針になっています。

麻疹により4歳の息子が最重度知的障がいに。生活は一変

高校を卒業して勤めた会社で出会った夫と、24歳のときに結婚しました。翌年に息子が、さらに2年後に娘が誕生しました。

息子はトイレに貼ったカレンダーで、教えなくても自分で数字を覚えるような賢い子どもでした。感情表現が豊かで優しい性格でした。

麻疹にかかったのは、幼稚園に通い出す直前の、入園準備をしていた3月のことでした。近くの病院で「肺炎を起こしかけている」と言われ、すぐに大きな病院に入院しましたが、1日も経たないうちに意識がなくなりました。脳が冒されるスピードはあっという間でした。

それから、2週間ほどは植物状態で、先生から「危険な状態です。もし、助かって

もこのままだと思います」と言われました。私は「どんな状態でもいいから、命だけは助けてください」と、ひたすら祈っていました。一方で、「お葬式の準備をしないといけない」とも考えていたので、相当危険な状態でした。

その後、幸いにも意識が戻り、先生からは「奇跡だ」と言われました。やがて体が動くようになり、もしかして元に戻るのかなと期待すら抱きました。でも、知能は失われたまま。入院して4ヵ月ほど経った頃、とうとう先生から「これ以上は回復しないから、退院してください」と宣告されてしまいました。

退院後の生活は本当に大変でした。病気の前は賢くて育てやすい子だったのに、とても手のかかる子に変わってしまいました。

脳の中のバランスが崩れてしまったのか、とにかく動き回る、危ないことをする、夜中に寝ないなど、24時間目が離せません。刃物を触ろうとしたり、ポンと投げ捨てようとしたり、さらに、グラスを叩いて割ってその上を歩こうとしたりすることも。

とにかく何をするのかわからないのです。トイレに行く間も置いておけないので、

一緒に連れて入るような状態でした。

知能指数は1~2歳だと言われましたが、2歳にもならないと思います。とにかく1日1日を過ごすのが精一杯。でも、心根は優しくてお母さん子だったので、それだけが救いでした。


つらかったのは、近所の同学年の子どもたちが幼稚園に通う姿を見なければならなかったこと。一緒に通園する予定で、入園の準備もしていたのに、うちの子だけ通えない……。元気な子どもたちと息子を比べて、落ち込む毎日でした。

そんななか、縁あって今の土地に引っ越すことになりました。これでもう、あの子たちの姿を見ないですむ……。何事も逃げないことが大事と思っていますが、このときばかりは逃げることを選びました。逃げて大正解だったと、今でも思います。

義両親も慣れ親しんだ地元を離れて、一緒に来てくれました。家のことは私に一任されていましたが、助けの手があるのは本当にありがたかったです。娘の幼稚園の送り迎えも義母がしてくれました。

息子が障がい児となって3年ほどは、元に戻るかもという希望を捨てられませんでした。こういう病院に行ったら治るんじゃないか……と、一生懸命あれこれ動いていました。

そんな私の考え方が変わったのは、「障がい児・者の親の会」との出会いでした。お母さん達がとてもたくましく明るくて、驚くほど前向きなのです。障がいを持つ子どもを「1人の人間として育てたい」という思いが伝わってきて、この人たちと一緒にがんばりたいと思いました。

あるとき、「何度も線路に飛び込もうと思ったのよ」という話を聞きました。私も息子が入院しているとき、病院の一番上の階から下を見て、「この子を抱っこして飛び降りたら楽になるかも」と思ったことがあります。

そうしたら、他にも「私も」「私も」と言う人がいっぱいいて。私だけじゃなかったんだ。それがわかっただけでも、とても救われた気持ちになりました。「仲間がいる」のはとても心強いものでした。

母親代わりとして私をずっと見守ってくれた4番目の姉に、「この子は福祉の世界で育てなさい」とはっきり言われたことも大きかったです。

それまでの私は、息子の病気を受け入れられずに悶々とし、「あの先生が悪い」「もっといい薬があるはず」「なんで私がこんな子どもを育てないといけないのか」と、嫌な気持ちにとらわれていました。姉の言葉に、ハッと目が覚めました。

同じ時期に参加した福祉の講演会で、「障がいを持っていることを認め、早く新しいスタートを切りましょう」と言われたことも、胸に響きました。

私はようやく、息子のことを受け入れることができました。「病気の子どもと一緒に生きていこう」と覚悟をしたら、不思議と泉のように元気が湧き出てきたのです。

3年もかかってしまいましたが、私にとって必要な時間だったのだと思います。

その後、息子は養護学校に通うようになりました。「薬で治らないなら、教育が薬になるのではないか」と思ったのです。

まだ数の少なかった養護学校は、車で往復2時間かかる場所にありました。

毎朝、片道1時間かけて車で息子を連れて行き、1時間かけて家に戻ってきます。その間に家事をこなし、授業が終わる頃にまた1時間かけて迎えに行き、1時間かけて連れて帰ってきます。

送り迎えに4時間かかり、大変ではありましたが、24時間息子に張り付く生活でなくなり、ほっと一息でした。

養護学校に通い始めた当初は、まだ悲嘆にくれていました。息子はあれもできない、これもできない。人に迷惑をかけてばかり

息子。多くの方に支えられて、ここまで来ました。

……いつも「すみません」と謝っていました。

あるとき、担任の先生が「明日から連絡帳の書き方を変えましょう。悪いことは一切書かないでください。いいことだけを書くようにしましょう」と言われました。そんなふうに考えたことがなかったので、私にとっては目から鱗の言葉でした。

それから、必死になって息子のいいことを探して、連絡帳に書く日々。先生はいつも、「素晴らしい！」と褒めてくれました。

悪いところ、ダメなところに目を向けず、いいところ、できることに目を向ける。「○○ができない」と否定するのではなく、「じゃあどうしたら良くなる？」と、次につなげて前向きに考える。息子の見方がそんなふうに、だんだん変わっていきました。

息子は中学、高校、通園施設を経て、28歳のときに現在の生活介護事業所に入所しました。

当初は月～木でしたが、10年ほど前からは月～金に施設にいて、週末に自宅に戻るようになりました。土曜日の朝、車で迎えに行き、月曜日の朝に送りに行きます。今は、この生活を1日でも長く続けられたらと思っています。

息子は55歳のおじさんですが、心はピュアなまま。目がきらきらしています。年寄り2人の家に息子が帰ってくると、花が咲いたように明るくなります。

以前は、息子に対してどうしても命令口調になっていましたが、今は対等。私たちも年をとり、子ども返りしたようで、知能的には3人が同じくらいねと笑っています。

会話はできませんが、息子の言いたいことはわかっています。「ごはんはちゃんと食べましたか？」と聞くと、息子の言葉を代弁し、「うん、食べたんやね。よかった、よかった」と私が答えます。

ひとり芝居のようですが、それが楽しいのです。息子は元気の源です。

娘は癌で早逝。頼れる子や孫のいる「安泰な老後」ではないけれど

娘は小さい頃から男勝りで、男の子と喧嘩をしても負けない女の子でした。でも、兄に対しては普通の子とは違うのだと、優しく接していました。兄をいじめるような子に、棒を持って追いかけたことも。

元々の性格と、この家庭環境もあり、自立心が旺盛でした。やりたいことがはっきりしており、何でも自分で決める子でした。

高校は本人の希望もあり、家を出て東京の全寮制の学校に入学しました。海外に留学したいなどとも言っていたので、田舎にいることが窮屈だったのでしょう。放っておいても1人でやっていく子やね……と思っていました。でも、そうではありませんでした。

高校2年生のとき、心の病気になりました。エネルギーが切れたように元気がなくなり、電話が鳴ってもドキッとするように。元来、社交的な子が「誰にも会いたくない」と言います。

がんばりすぎたのだろう……。息子の世話にかかりきりで、娘に我慢を強いてきたせいだ、とすぐに思いました。

学校は休学させて家に戻し、「赤ちゃんからやり直そう」と決めました。息子はしばらく他の家族に世話してもらい、できるかぎり娘と過ごしました。一緒に寝たり、お風呂に入って髪や体を洗ってやったり、2人で買い物に行って洋服や本を選んだりもしました。

精神科を受診すると、思春期に多い心の病気だと診断されました。幸い、学校も理解があり、焦ることなく休学し、一から育て直しをさせてもらえました。娘は少しずつ元気を取り戻し、無事復学できました。

その後、紆余曲折はあったものの、インテリア専門学校を出て、デザインの仕事に。20代後半で自分の事務所をかまえました。主にテレビ局の動画を制作し、バリバリ働いていました。自分の居場所を見つけたようで、生き生きしていました。

38歳のとき、専門学校の同級生と結婚しました。娘とは正反対の、穏やかで優しい人です。結婚と同時に「子どもを産んで主婦になる」と言って、スパッと事務所をたたみました。思いきりのよさは相変わらずでした。

でも、残念ながら子どもに恵まれず、友人の事務所でまた働き始めます。そうして43歳の頃、子宮頸癌が発覚しました。

すぐに治療を始めて治ったものの、1年後に肝臓へ転移。その手術も成功しましたが、また別の場所への転移が次々に見つかりました。

子宮頸癌が発覚してからの1年は、娘も仕事を続けていましたが、2年目からは治療に専念。私も、「これは大変なことになるな」と感じ、娘が住んでいた横浜に飛行機で通って支えました。

私がいないときの娘の体調、検査の結果などの状況は、お婿さんが毎日メールで知らせてくれました。そんな生活が1年ほど続きました。

闘病中、免疫力を上げる食事など、娘と一緒にいろいろなことを試しました。何をしても効果が出ませんでしたが、私はあきらめません。今できることを、とにかく精一杯やるだけ。息子の障がいのときと同様に、現実を受け入れて覚悟をしたら、不思議と湯水のように元気が湧き出てきました。

病状は悪くなる一方でした。途中からは、死を迎える覚悟に変わっていきました。どうしたら、娘を安心して送り出してあげられるか。残された時間をできるだけ楽しく、笑顔で過ごせるようにするために、何ができるか。そんなことを考えました。

いよいよダメだとなったとき、娘を家に連れて帰ろうと思いました。娘も「帰りたい」と言いました。でも、帰るなら早く帰らないと、病状が悪化して乗り物に乗れない。すでに飛行機には乗れなかったので、ギリギリのタイミングです。病院からストレッチャーのまま運び出して、新幹線の特別室に乗せて帰ってきました。

病院が地元の病院と連携を組んでくれ、まずは10日ほど入院して、家に戻ってきました。このとき、息子のことでお世話になった社協に飛び込んで、ヘルパーさん、訪問医、訪問看護師さんを手配してもらいました。

そして、亡くなるまで20日ほど、私、夫、そしてお婿さんも泊まり込んでくれて、3人で看病しました。


娘は入院していたとき、癌友達ができました。その中には亡くなった方もいたので、自分が死に向かっている状況もわかっていました。

最後に、「お父さん、お母さん、もう終わりにしてください。楽にしてください。お願いします」と言いました。

私は思わず「もっとがんばれる」と言ってしまいましたが、主治医が「もう十分です。その時が来ています」と言ってくれました。周りが「がんばれ、がんばれ」と言うよりも、本人が決めたやり方で逝かせてあげたい……。

眠りにつく前には、息子も連れて帰ってきて、みなでお別れをしました。

「お父さん、お母さんの子どもでよかった」という娘の言葉に、「私たちはずっと一緒におるよ」とこたえました。そして、主治医に鎮痛剤を打ってもらい、娘は穏やかに眠りにつきました。２日後に息を引き取りました。

46歳、太く短い人生でした。人の何倍も生きたのではないでしょうか。

結果はいいものではなかったけれど、娘にとっては幸せな最期だったと思います。

自分の力で人生を切り開いていった娘は、

娘。右の額縁は遺影。最後まで変わらない笑顔でした。

「お父さんの庭を見ながら眠りたい」と、死に方も自分で選びました。最期はつらかったです。そのときは、涙が出ました。でも、それ以降、涙は出ませんでした。後悔はありません。これ以上は私にはできないくらい、やり尽くしたと思います。

今でも、私の中で娘は生きています。「ずっと一緒にいる」と約束しましたから。娘が元気だった頃、離れて暮らしていたときより、そばにいるように感じています。しょっちゅう娘と会話しています。料理をしていると、その辺にいるので、「味はどう?」と聞くと、「ちょっと辛いね」とか「おいしいよ」などと返事が返ってきます。もちろん、本当の声が聞けたら、触れることができたらと思いますが、それはかなわないことだから……。

先のことを思いわずらわない。今日１日乗り切るのを毎日くり返して

元々、私は引っ込み思案な子どもでした。学校の通信簿では、「答えがわかっていても手をあげない」と毎年のように書かれていました。

しっかり者の姉たちの後ろに隠れて生きていました。何かあれば姉たちが守ってくれますから、甘ったれでもありました。

そんな私ですが、息子が障がい児となったことで強くならざるを得なくなりました。どう自分を前向きな態勢にしていくか。私がつぶれたら、家族がばらばらになってしまいます。落ち込んではいられません。

もちろん、悩みや不安は湧いてきますが、それに飲み込まれないように意識してき

ました。

「どうしよう」ではなく「どうしたら良くなる?」と考えるクセをつけました。それは息子の養護学校で、教えられた視点でもありました。

ああでもないこうでもないと悩む代わりに、自分に何ができるか。どんなことをすれば、少しでも良い方向に進めるか……。そう考えるのは、前を向いているということで、活力になります。


大事なのは、前向きな気分で眠りにつくことだと思っています。

悩みや不安が大きくて、なかなか眠れないときもありました。けれども、だんだん経験的に気づいてきたのです。

今ここであれこれ考えたところで、答えが出るわけじゃない。それに夜、頭が疲れているときに考えても、良いアイデアは浮かばないもの。だったら寝よう。睡眠は大事。貴重な睡眠時間を削っている場合ではない、と……。

気がかりなことがあっても、寝る前には「明日はこうしよう」と考えるようにして

花が好きです。家のあちこちに飾っています。
庭に咲く季節の花や枝を生けて。目に入るたびに癒やされます。

います。すると、気分も前向きになり、心地良く眠ることができる。そして、翌朝目覚めたときも、前向きに1日のスタートを切れる。

そんなことを毎日くり返して、ここまで来ました。

1日1日を乗り切るのに精一杯でしたから、あまり先のことは考えません。まずは今日を。あとは明日、明後日くらいまで。カレンダーも、せいぜい2ヵ月先までしか予定が入っていません。

社協の仕事で高齢者の生活サポートをしていましたが、お年寄りはみな「将来を心配する病気」にかかっているな、と思いました。訪問するたびに、「これからどうなるんだろう?」と言われます。

そんなときは「明日、楽しいことを1つやろうと思ったら、どうですか?」と提案しました。そして、「次回来るときまで元気でいてくださいね」と別れます。次回訪問したとき、まずは「元気でしたか?」と言いました。

どうなるかわからない先々のことを考えても、答えは出ません。不安が大きくなるばかり。それよりも、今日・明日にできること、「1ヵ月後（1週間後）まで元気でいよう」と、近い将来のことだけ考える。それが前向きに生きるコツかなと思います。

良いときも悪いときも永遠には続かない。だから良いときを満喫しておく

先のことを思いわずらわなくなったのは、「良いことも悪いことも永遠には続かない」と体験的に知ったからです。

どん底に落ちても、必ず上がるときがやってきます。どんなに大変で「出口が見えない」というときも、必ず終わりがきます。何らかの解決策が見つかるものです。

一方で、良いときがあっても、これまた永遠に続くことはありません。必ず終わりがあり、落ちるときがやってきます。

良いときもあれば、悪いときもある。そのくり返しだと気づきました。

だからこそ、良いときはそれを十分楽しんでおこうと考えるようになりました。そ

の後、また落ちるときがやってきても、「あのときあんなに楽しんだのだから、今度はがんばろう」と思います。

今現在も、心配しようと思えばいくらでも心配できる状況です。なにしろ80代の老夫婦と障がい者の息子という、危なっかしい家族ですから。

けれども、せっかくやってきた、自分の時間をたっぷり持てるチャンス。これを大いに楽しまなければもったいない。今をめいっぱい楽しみ、大変な状況に転じたら、またそこでがんばればいいのです。

目の前のことに集中する。そういう切り替えは意識的にしてきました。

自分の中に、いくつもスイッチを持っている感じです。たとえば５つの仕事（気がかり）があるなら、５つのスイッチを持ちます。１つめのスイッチをオンにしているときは、そのことだけに集中し、他はオフにして考えない。

イメージトレーニング的なものですが、くり返すうちに自然とできるようになりました。

悩み事を抱える友人に、こんなふうにしてみたらとアドバイスしました。3~4年後、「訓練したら、気持ちが切り替えられるようになった」と報告がありました。やっぱり切り替えは訓練なのですね。思い悩むことが減ったためか、持病のめまいも改善されたとのことでした。

第2章

1日1日の暮らしを大いに楽しんで

家の中にこそ楽しいこと、変化がたくさん詰まっている

障がい児を育てながらの暮らしでは、家の中に楽しみを見つけるのが、一番無理がありませんでした。もし外に楽しさを求めていたら、できないことが多くてストレスがたまっていたと思います。

家の中には楽しいことがいっぱい詰まっています。変化もたくさんあります。

元々、家仕事が好きでした。それは、子どもの頃に同居していた、祖母の影響が大きいように思います。

祖母は家仕事の達人でした。昼寝しているのを見たことがないほど働き者で、いつも何かしら手を動かしていました。

思い出すのは、縁側で縫い物をしている姿です。

当時履いていた足袋《たび》は、祖母が私たち姉妹それぞれの足の形をとって、型紙を起こして縫ってくれたもの。足袋の底は、刺し子で補強がしてあったのを覚えています。

布団の打ち直しも祖母の仕事で、綿を洗って庭石の上に干すような重労働もしていました。私も手伝った記憶があります。

他にも味噌、梅干しなどの保存食も作っていました。庭の蔵に、大きな味噌樽が２つ入っていて、毎年味噌を仕込んでいました。

家の中にこそ豊かな時間があることを、

25 年ほど前、近所のテーラーさんから譲り受けたミシン。まだまだ現役です。

祖母から教わりました。

部屋作りを考えるのも、昔から好きでした。

子どものときは姉たちがたくさんいて、自分の部屋はありませんでした。1室に2段ベッドを2つ並べて、4人で寝ていました。勉強机は廊下に、美智子姉と並べていました。

早く自分だけの部屋を持ちたいと思っていました。中学生になると、姉たちはみな結婚するなどして外に出て行き、空き部屋がいくつもできました。これで自分の好きなようにできる。勉強する部屋と寝る部屋を分けようと、さっそく模様替えしたことを覚えています。

この家に越してきてから、義母は家のことは私に任せてくれました。古いものが好きな義母とは趣味が似ていたので、家具は民芸家具や骨董でそろえていきました。とくに温かみのある民芸家具に惹かれ、値段はやや高いのですが、少しずつ買い集めました。

ダイニングキッチンの食器棚とリビングの本棚は、越してきてしばらく経った頃、セールで購入したもの。50年近く経ちましたが、経年変化も味となり、落ち着く空間を作り出してくれています。

家の中は機能的に整えたいと思っています。ものはすぐに取り出し、すぐにしまえるように。家具の配置はスムーズな動線になるように。ずっと忙しくしてきたので、何事も「時短」が優先です。部屋を片づけておくのも、時短のため。何かしようというとき、片づいた部屋ならさっと始められます。整理してからやろう、となると気持ちも萎えてしまうもの。

朝起きたら、すぐに朝食の準備に取りかかれるよう、台所も寝る前にきれいにしておきます。

50年近くわが家にある、九州民芸家具の食器棚。上にカゴを並べて。カゴが好きで、籐や山葡萄のつるなどで自作したものも。

朝仕事は9時までに、夕食の晩酌で締め。決まった生活時間がメリハリに

夜は12時過ぎに就寝、起きるのは6時から6時半の間です。昔からこの生活です。夜はぐっすり眠り、途中で目が覚めることはありません。睡眠時間は短めかもしれませんが、無駄なく熟睡できているかなと思います。

起きたらすぐに洗濯機を回し、朝食を準備。7時には朝食です。朝食が終わったら、洗濯物を干します。そして9時までに、簡単な掃除、庭の草木の手入れ、昼食の準備（食材を冷凍室から出しておくなど）等、朝仕事を終わらせます。いつでも出かけられるよう、お化粧もすませてしまいます。

9時から活動スタート。午前中の数時間を有効に使うことができます。

昼食は12時、夕食は6時です。食事時間は決まっていたほうが、生活にメリハリが出るように思います。12時になる前に、急いでこれを終わらせようと、目の前のことに集中できます。

時々、友人と食事に行くこともありますが、夫の分の食事は用意していきません。外食したり、買ってきて食べたり、自由にしているようです。コロナ禍の前は昼に月2〜3回、夜に月1回は外食をしていました。

夕食のとき、必ずお酒を飲みます。今は、コレステロール値が高いので、医師からすすめられた焼酎をコップに1杯。まだまだ飲めるけれど、これ以上飲みません。気持ち良くなる程度で、酔っ払うことはないです。

夏はオンザロック、冬は温めて飲むことが多く、水で割ることはしません。夫は、以前は飲んでいましたが、今は来客があるときだけになったので、私1人でゆっくりと晩酌を楽しみます。

好きなとき飲めるように、朝のうちにコーヒーとお茶をポットにいれておきます。

お酒を飲むのは1日の区切り。元気に1日を終えられたことに感謝して。「今日は何もなくて、本当に良い日だったな」と振り返ります。

でも、何か問題が起こっていても、「明日は良い方向に進んでいるといいな」と思いながら、やっぱり飲んでいます。良いときも悪いときも、気持ちをリセットできる大切な時間です。

土日は息子が帰ってくるので、飲みません。息子の世話があるし、何かあったときに車を運転できないと困るからです。でも、おかげで週2日は休肝日になり、健康を保てていると思います。

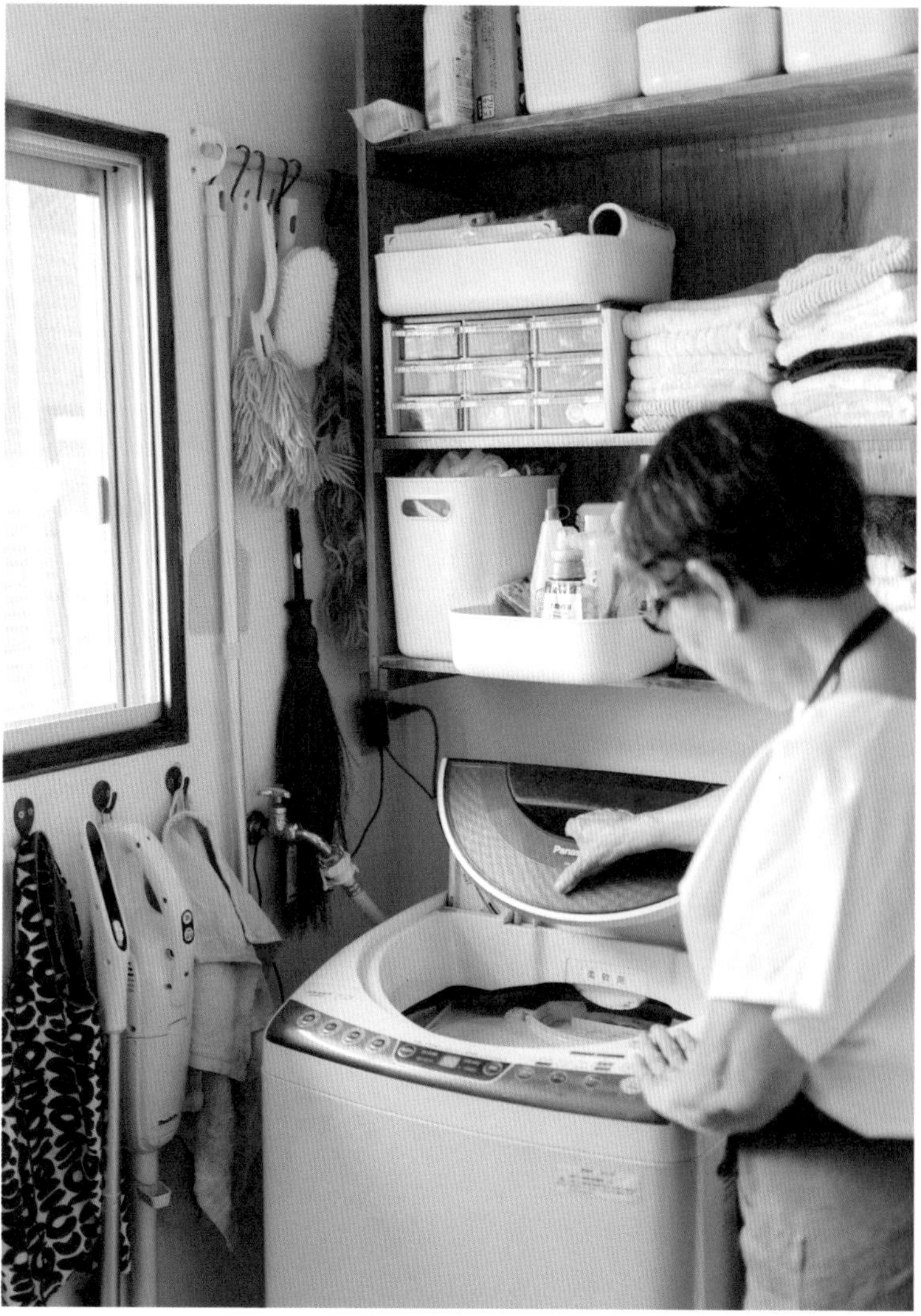

洗面所の吊り棚は自作しました。DIY 好きで、ちょっとした棚なら自分で作ります。掃除機などはすぐに使えるよう、壁掛けに。

すべて片づいた夜9時からの3時間が、私のゴールデンタイム

夕食後、お風呂にも入り、すべてを片づけた9時からは、いよいよ私の時間です。12時に寝るまで、3時間は好きなことをするゴールデンタイム。

これも昔から続いていることです。息子の世話に明け暮れながら、少しでも自分の時間を持てるよう工夫していました。家族が寝静まってから、大好きな縫い物をしていました。

まだ娘が小さかった頃は、パンツやシュミーズを手作り。本当は私に甘えたかっただろうけれど、病気のお兄ちゃんに遠慮しているだろうなと感じ、なんとかカバーしようと思った苦肉の策です。抱っこの代わりに、「いつもそばにいるよ」という、娘へのメッセージでした。

家族が静かに寝ているのは、１日無事で過ごせたということ。心からホッとする時間でした。

今でも、夜のこの時間は主に手仕事にあてています。とくに時間を割いているのが、織り物です。


美術系の大学に行きたいと思っていましたが、高校生のときに父の会社が倒産したので就職しました。その後すぐに、父が事故で亡くなったので、大学とは縁がなかったのだとあきらめがつきました。

でも、ものづくり、アートはずっと好きでした。結婚前には油絵を習ったり、情熱を細々とつないでいました。


「布」がなにしろ好きなのです。１日中眺めていたいほど。

30代半ば、近くの短大で型染めを習ったこともありました。息子が中学の養護学校に入ったとき、送り迎えにスクールバスが使えたので、時間の余裕ができたのです。

織り機。ここに座り、糸に意識を集中する時間は心安らぎます。後ろの棚には糸を紡ぐ道具などが。民具は味わいがあり、心惹かれます。

義両親もまだ元気だったので、3年ほど通うことができました。

本当はその後、織り物のコースにも通いたかったのですが、高校生になった息子にまた送り迎えが必要になり、続けることができませんでした。でも、ずっとチャンスはうかがっていました。


十数年経った53歳のとき、息子が今の施設に入所して、生活に余裕が出てきたので、念願だった織り物を始めました。でも、しばらくしたら義両親の介護が始まり、また続けるのが難しくなってしまいました。

そんなときは、思いきってお休みします。「続けられなくて残念」と落ち込まず、「またチャンスが来たらやろう」とあきらめませんでした。

ちょっとでも時間ができたら、すかさずとりかかります。常に仕掛かりの作品を用意してあるのです。そんなふうに細切れの時間をつなぎ合わせて約30年、どうにか織り物を続けることができました。

テーブルクロスやコースター、洋服など、自分で織った布が家のあちこちにあり、毎日楽しんでいます。

私の織り物は、綿花から糸を紡ぐところから始まるので、時間も手間もかかります。でも、その作業が楽しい。日常生活から離れて、目の前のことに集中できる時間です。好きなことをする時間を持つことが気分転換になり、また明日もがんばれるのです。

これまでは、この夜の時間にしか織り物ができませんでしたが、今は日中も時間を作れるため、作品の仕上がりがぐっと早くなりました。幸せです。

時間のかかるお菓子作りも、夜の時間にしています。昼間は来客や電話などがあり、手を止めることも。お菓子作りは、ちょっとのことが失敗の原因になるので、ひとりになれる夜の時間がぴったりなのです。

読書をしたり、映画を見たりもします。

最近は目が悪くなったので、図書館で大きな文字の本を借りてきます。この間は、水上勉、北杜夫の小説、柳宗悦の特集をしていた雑誌の「太陽」を借りてきました。

ネットでの映画視聴はパソコンで。手元で見られて楽です。

分野を問わず、興味をひかれた本は何でも読みます。

最近、同級生が東京から長崎に帰ってきて再就職した会社で作った本、『ヒロスケながさき100のひみつ』(山口広助監修・長崎文献社)を買いました。故郷の長崎について、知らなかったことを知ることができて、おもしろかったです。

年齢のせいか、読んだ本や見た映画を忘れるようになってきたので、姉がしているように記録をつけてみようと思い、ノートを買いました。内容を思い出せるように、ちょこっと感想を書いておこうかな。

手作りのコースター。右の２つは古布を配置してステッチ。左の3つは自分で織った布で。手前の茶色い透かし模様は麻で織ったもの。

あまり編み物はしないのですが、靴下を編んでみました。

手作りのバッグ。左は麻の布を草木染めにしてポシェットに。右は藍染めの古布を織り込んだ生地で。

自分で織った布を、タペストリーしたり、額に入れて。右のように様々な色が入るのは、古い着物を裂いたものを横糸に使っているから。

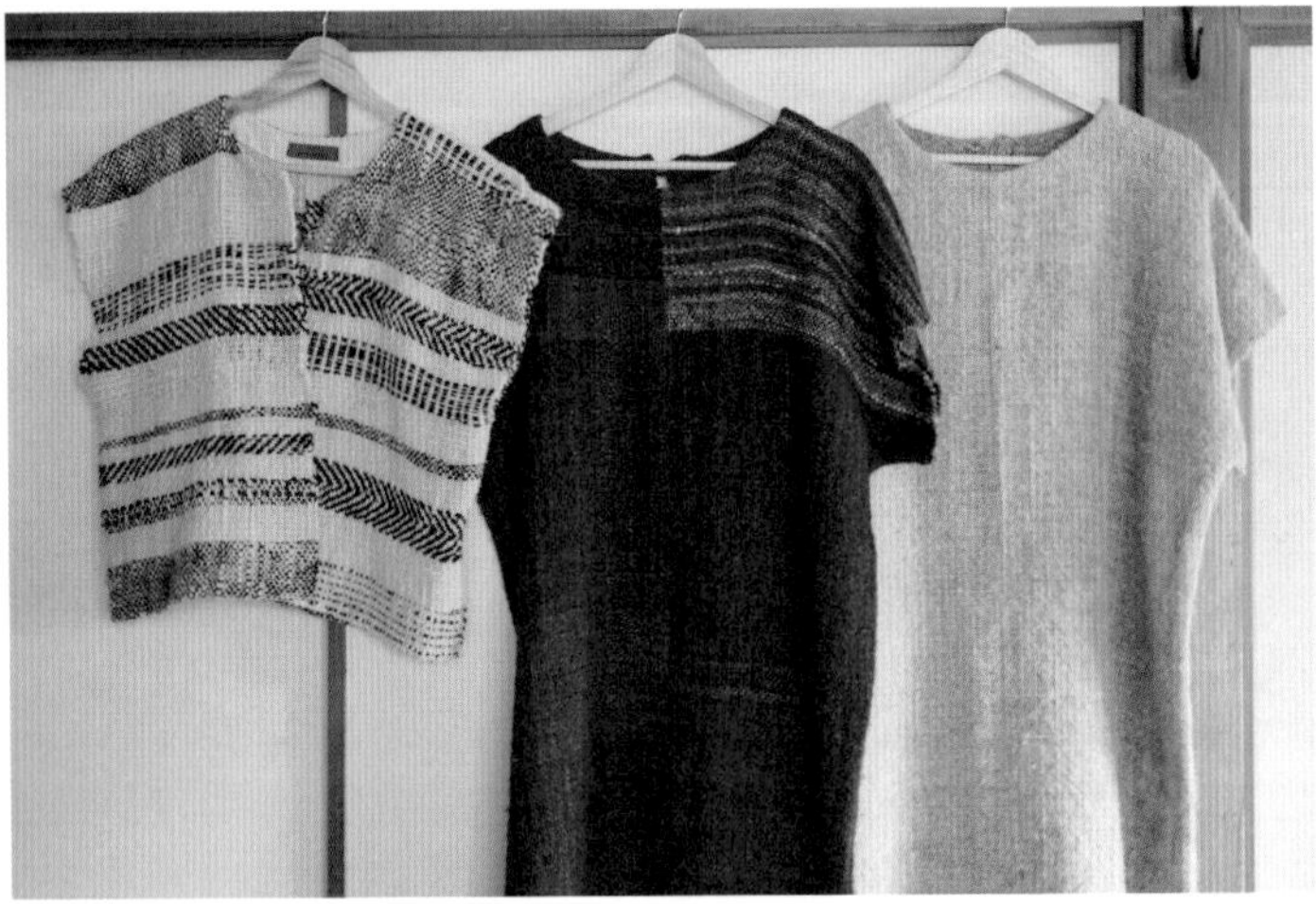

自分で糸を紡いで織った布で作った服たち。
左はベスト。配色のデザインも自分でします。
いちから全部するのが楽しいのです。

買ってきた布を自分でワンピースに仕立てました。左はコースターサイズの織り物をポケットとして付け、自分らしさを。

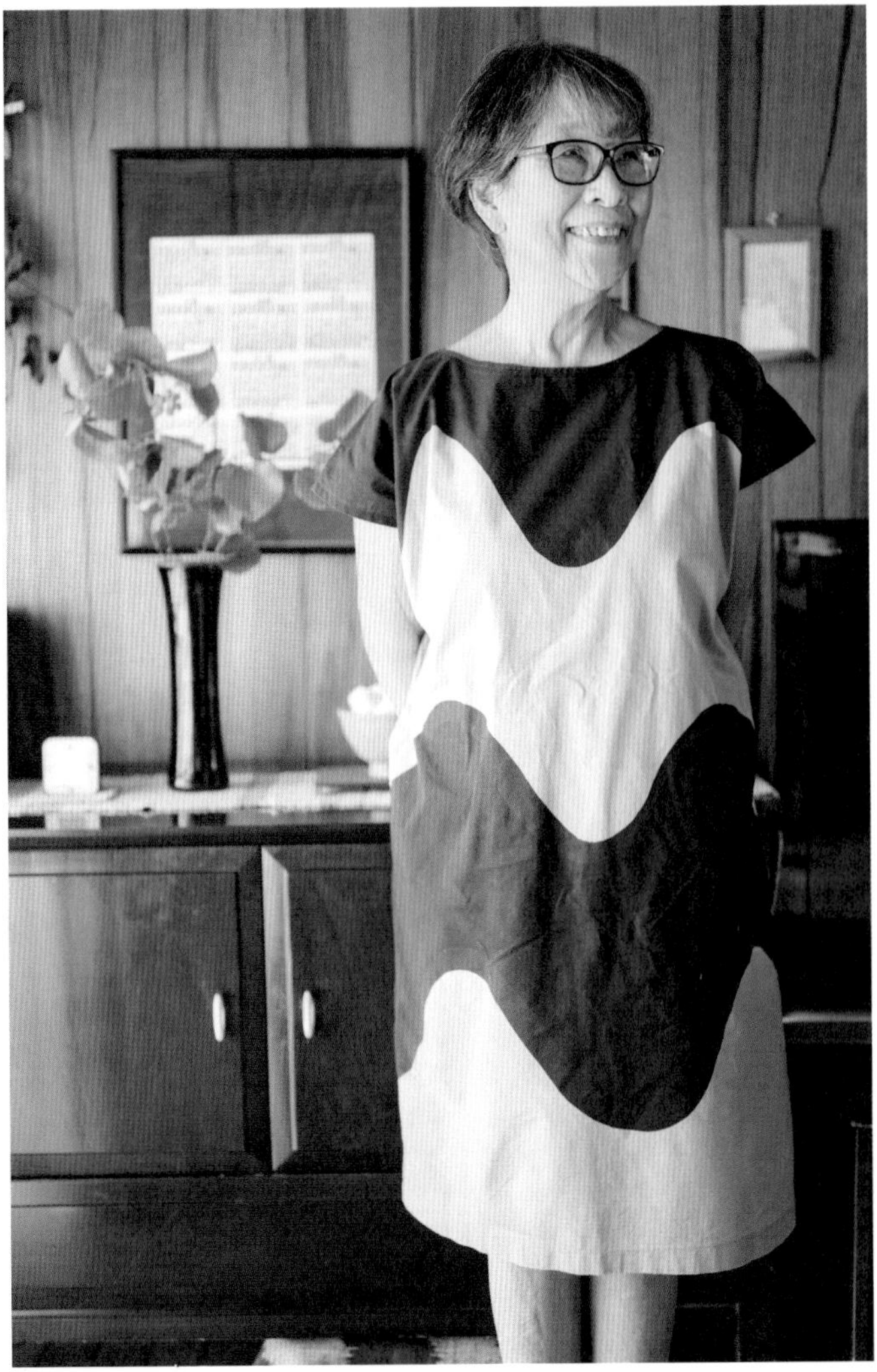

マリメッコの生地で作ったワンピース。丈夫な生地で、5年は着ています。ワンピースはどれも同じ、シンプルな貫頭衣タイプ。冬にはこの下に長袖を重ね着して。

ありふれた料理も、器が助けてくれる

器が大好きです。この器には、この料理が合うかな……と、器と料理の組み合わせを考えるのが、楽しい。私のごく普通の料理でも、器のおかげでおいしそうに見えます。新しい器を買うと、どんな料理を盛り付けようかなとワクワクして料理モチベーションが上がります。

姉たちが器好きだったので、私も自然にそうなりました。同居していた義母も器好きだったこともあって、家族で囲むテーブルにお気に入りの器が並びました。義母が持っていたのは磁器が多かったのですが、私は土の味わいのある陶器に惹かれました。

息子の養護学校の近くに、陶器の窯元が集まる地域がありました。送迎の合間にちょっと寄ったりして、少しずつ買い集めました。

長年集めてきた器。左手に持っているのは小石原焼。右手は唐津焼。中央の片口は知人作で、釉薬をつけない焼き締め。

食事のときは手織りのランチョンマットを敷いて。

今は、手びねりのものなど、形がしっかりしていない自由な雰囲気の器が好きです。素朴な温かみのある小鹿田《おんた》焼は、とくにお気に入りです。

生活に少し余裕が出てきた50代の頃、陶器市や骨董市、窯元、日本民芸館などを巡る旅に出かけました。メンバーは、趣味が似ている美智子姉、3番目の姉の娘である姪、娘、私の4人。

宿泊場所は寝に帰るだけなので、安いところにし、とにかく器や布などを見て回る趣味の旅です。

夜、ホテルの部屋で、「今日の掘り出し

お菓子とお茶のセットにちょうどいい小さなお盆。お皿は萩焼。

もの」と言って、お互いに買ったものを見せ合うのも楽しい時間でした。

京都や益子、山奥にある小鹿田焼の里にも行きました。

息子がいるから旅行は行っていないと思っていましたが、振り返ってみると、そうでもなかったです（笑）。数は少ないけれど、好きなものを巡る旅をし、リフレッシュしていました。


長い年月をかけて集めてきた器も、少しずつ手放しています。整理するつもりの器をまとめて置いてあります。

この間も、よくわが家に来る若い友人に、

「好きな器を持って帰って」と言っていくつか並べたら、ほとんど引き取ってくれて助かりました。

以前は6人家族だったので6枚揃えていましたが、今は3人家族が使うものだけに。来客があって足りないときは、同じサイズの他の器に手伝ってもらいます。

手放したものに後悔はありません。もし必要になったら、また買えばいい。一生物、という考えはありません。それよりも、次に何を買おうか、新しいものに興味が向きます。

年金生活なので気軽に買えませんが、お小遣いを貯めて時々は。器屋さんのネットショップで買うこともあるので、定期的にのぞいて「次は何を買おうか」と夢を膨らませています。

私の料理はずっと、15分で用意できる「クイック料理」です

父は食道楽で料理上手でした。母が亡くなった後、父が家族のご飯を作ってくれていた時代がありました。子どもの頃は、姉妹7人の大家族だったので、食卓は賑やかでした。

一緒に暮らしていた祖母は、1年分の味噌を仕込んだり、島原の郷土料理を作ってくれました。食を楽しむ一家でした。そんな家に育ったので、食べることは大好きです。

とはいっても、私の料理はずっと「クイック料理」。簡単で、すぐにできるものばかりです。

障がい児を抱え、いっぱいいっぱいの毎日。料理だけに時間をかけられません。そ

れに、この家に引っ越してきたとき、近くに食材を買えるところがなく、車で遠くのスーパーにまとめて買い物に行っていました。

そんな環境で、いかに簡単に手早く作るか、私の料理のスタイルができたように思います。シンプルな料理しか作らないので、料理が面倒と思うことはありません。

今は、週1回、もしくは2週に1回のまとめ買いと、週1回の生協の宅配で食材を調達しています。

食材はまとめて下ごしらえをしてしまいます。よく買う鶏肉や豚肉は、1回分ずつ小分けにして冷凍。ショウガはスライス、千切り、すりおろしと、一度に処理。冷凍しておけば、使いたいときすぐに使えます。小ねぎも同様に、買ってきたら一度に小口切りにして冷凍します。

このときの作業は時間がかかりますが、後が楽になります。いざ食事を作る段階で時短できます。

いつも冷凍庫にストックしておく「冷凍つくりおきおかず」があります。

鶏ミンチボールは鍋の具にしたり、スープや味噌汁に入れたり、凍ったままポンと入れて使えるので重宝しています。

食事時間の15分前にキッチンに立てば間に合うよう、こんなふうに時短の工夫を駆使しています。

三枚肉のチャーシュー風

①三枚肉（豚バラ肉）の塊 400g を 2 ～ 3 つに切る。

②耐熱容器に入れ、フタをして 600w の電子レンジで 3 分、裏返して 3 分加熱。

③醤油 100mℓ、みりん 50mℓ、黒胡椒を加え、フタをしてよく振り、調味料をからませる。保存用袋に入れて、調味料を揉み込んでも。黒胡椒はたっぷりかけるのがポイント。

食べやすく切って、残った調味料をかけたら出来上がり。しばらく置いて調味料を肉に染み込ませても。ラーメンの上にのせたり、チャーハンの具にしてもおいしい。

鶏もも肉の酒蒸し

①耐熱容器に鶏もも肉 1 枚を入れ、皮面が縮まないようにフォークで穴を開ける。

②酒 50mℓ、ショウガのスライス 1 かけ分、3 等分にした長ねぎをのせ、フタをして 600w の電子レンジで 3 分、裏返して 3 分加熱。

③薄くスライスし、からし醤油でいただきます。

電子レンジは、クイック料理には欠かせません。電子レンジで使えるフタつきの容器があれば、いちいちラップをかけなくていいので便利です。

砂肝ポン酢和え

砂肝を熱湯で５分ほど茹で、薄くスライス。器に盛り、ポン酢とたっぷりのショウガの千切りで和えるだけ。砂肝の茹で汁は、野菜を入れてスープにしても。

鶏レバーのショウガ焼き

①サラダ油を熱したフライパンにレバーを入れ、香ばしく焼く。

②たっぷりのすりおろしショウガを加えて炒め、さらにケチャップ、オイスターソース、ウスターソースを加えてからめる。

レバーを小さく切って炒めるとポロポロになるので、炒めた後に切るのがポイント。キッチンバサミを使うと簡単です。友達に教えると、「苦手なレバーが食べられた！」と好評でした。

キャベツのサラダ

千切りにしたキャベツを器に盛り、オリーブオイルを回しかけ、鰹節をたっぷりかける。
食べるときに醤油をかけ、混ぜながらいただきます。
適度にキャベツの食感が残っていて食べやすく、いくらでも食べられます。

簡単漬物

冷蔵庫に残っている野菜を刻んで保存袋に入れ、塩を振り、袋の上から手で揉み込むだけ。ショウガの千切り、昆布を入れると、よりおいしくなります。
朝漬けたら、昼には食べられる浅漬けが完成。

何でも酢

ペットボトルなどに酢と砂糖を１対１で入れ、フタをして砂糖が溶けるまでよく振る。リンゴ酢を使うと、よりやさしい味になります。

作っておくと、いろいろな料理に使えます。塩を加えて酢飯、酢の物、ピクルス、らっきょう漬け。ケチャップを加えて酢豚や酢鶏に。ごま油、醤油を加えて中華風の和え物に。酢の物は出汁昆布、柚子の皮、生姜のすりおろしなどを加え、味に変化をつけることも。
週１回くらい作り、常温で保存しています。

まとめ買いで冷凍ストック

（ 冷凍庫上段 ）

頻繁に買い物に行かないので、肉などは一度に買ってきます。一度に使う量ごとに保存袋に入れて。真ん中の容器には魚貝類が。

（ 冷凍庫下段 ）

もやしやブロッコリーなど、野菜も冷凍しています。立てて入れることで、スペースを有効活用し、取り出しやすく。

コンロに置いたスパイス棚も自作です。高さを出し、一列に並べてすぐに取り出せるように。使いやすい工夫を考えるのが好きです。

鶏ミンチボール（鶏団子）

①鶏ひき肉に、ねぎ、ショウガ、春菊などの和の香味野菜、片栗粉、卵、塩、こしょうを入れてよく混ぜ、丸める。キクラゲ、ひじきなどを入れてもおいしい。

②熱湯で茹でる。片栗粉を付けて茹でると、ツルッとした食感に。

作ったその日は鍋にして、残りは小分けにして冷凍。凍ったまま鍋に入れて煮込むだけの、春雨スープ、シチュー、味噌汁、甘辛煮などを作ります。

豚ミートボール

①豚ひき肉、みじん切りした玉ねぎ、にんじん、ピーマン、きのこ、パン粉、片栗粉、卵、塩、こしょうを入れて混ぜ、丸める。豆腐を入れることも。

②鶏ミンチボールと変化をつけるために、揚げてから冷凍。

当日はそのまま食べ、残りは冷凍。酢豚やお味噌汁に、ピザのトッピングにしてもおいしいです。

薄揚げの煮物

①薄揚げを稲荷寿司の形（四角、または三角）に切って、たっぷりの湯で茹で、油抜きする。

②固く絞り、好みの味になるように酒、みりん、醤油、砂糖、水を加えて、ゆっくり煮る。

たくさん煮て冷凍し、稲荷寿司はもちろん、うどん、煮麺、蕎麦などのトッピングに。

ショウガは一度に下処理

ショウガは料理に薬味に、よく使うので、ストックを欠かしません。一度に処理して冷凍しておきます。

スライス、千切り、すりおろしの３パターンあると便利。すりおろしはパキッと折って使えるようにしてあります。

「一汁一菜」を取り入れて。80代は食べるのも作るのもシンプル化

年をとり、夫婦共々食が細くなってきたので、食べるものも作るのもシンプルにしていきたいと思っています。

料理研究家の土井善晴さんの著書『一汁一菜でよいという提案』（グラフィック社）を読み、私の思いとぴったり重なりました。簡素でシンプル、そして何よりも縛りがない自由な食。でも、ちゃんと栄養は足りています。土井さんの提案を参考に、私なりの一汁一菜を考えています。

【一汁】

一汁の基本は味噌汁。出汁には、和洋の縛りはありません。出汁昆布、いりこ、出

土井善晴さんの著書。料理に対するシンプルな考え方に学びが多いです。

汁パック、粉末鶏がらスープの素、固形のコンソメスープの素など、いろいろ使います。牛乳やバター、オリーブオイルを加えることも。自由な発想を土井さんから学びました。

具材も自由に、冷蔵庫にあるものを入れます。季節の野菜や豆腐、魚などのタンパク質を組み合わせて。3品以上入れると、ボリュームが出て、これだけで立派なおかずになります。

彩りに、小ねぎを最後に加えることが多いです。小口切りにして冷凍してあるので、いつでもサッと加えられます。夕食には必ず味噌汁などの汁物はつけます。

薄味にするため、出汁をきかせるようにしています。便利な水出しポット。出汁昆布、いりこ、干し椎茸などを入れておくだけ。

［一菜］

そして一菜は、メインの1品。肉か魚を、野菜と一緒に煮たり炒めたりします。肉や魚を単品で調理し、野菜を付け合わせるパターンも。

味噌漬けにした肉を焼き、野菜のピクルスを添える、P82のチャーシュー風に千切りキャベツを合わせるといったように。いずれもごくシンプルな料理です。

これを1枚のお皿に、かっこよく盛り付けます。料理が簡素なので、器に助けてもらって。ワンプレートなのは、後片づけを楽にするためでもあります。

「一汁一菜」のバリエーション

一汁

主に味噌汁の具材。冷蔵庫にあるものを組み合わせて

◎豆腐＋きのこ＋わかめ＋小ねぎ
◎厚揚げ＋なす＋小ねぎ
◎厚揚げ＋筍＋わかめ
◎油揚げ＋じゃがいも＋玉ねぎ
　＋にんじん＋小ねぎ
◎卵＋きのこ＋長ねぎ
◎魚＋ごぼう＋ショウガか柚子
　（魚は臭みが出ないよう新鮮なもので）
◎豚バラ肉＋こんにゃく＋にんじん
　＋里芋＋ごぼう＋きのこ
◎ベーコン（ウィンナー）＋玉ねぎ
　＋ミニトマト＋コーン

一菜

焼いた肉や魚に野菜の付け合わせ、あるいは一緒に煮込むのがパターン

魚のワンプレート

◎塩焼きに大根おろし＋小松菜とにんじんソテー
◎漬け魚焼き（粕漬けや味噌漬け、塩麹漬けなど）
　＋いろいろ野菜のピクルス
◎切り身＋長ねぎ＋こんにゃく＋ごぼう
　＋ショウガ（魚と野菜を一緒に煮込む）

肉のワンプレート

◎フライ＋キャベツの千切り＋トマト
◎豚肉のショウガ焼き
　＋小松菜と玉ねぎときのこのソテー
◎漬け肉焼き（粕漬けや味噌漬け、塩麹漬けなど）
　＋いろいろ野菜のピクルス
◎牛丼（玉ねぎ＋きのこ＋三つ葉＋卵）
◎鶏肉の煮しめ（蓮根＋里芋＋ごぼう
　＋にんじん＋こんにゃく＋しいたけ＋きのこ）

（ 毎日同じパターンの朝食 ）

パン＋卵＋ヨーグルト＋果物が基本。食パンはホームベーカリーで焼いています。

写真のように、ウィンナーと野菜を炒めたものが入ることも。クリームチーズにマーマレードがよく合います。

（ 麺や丼、おにぎりが多い昼食 ）

おにぎりのワンプレート。つくりおきのおかずと、漬物やピクルスを合わせて。おにぎりは野沢菜を混ぜたもの。

うどん。とろろ昆布やかまぼこ、ほうれん草、自家製お揚げをトッピング。前日残りの豆ご飯も一緒に。

（「一汁一菜」の夕食）

お酒を飲むので、ご飯は食べません。お刺身は大葉をしき、かっこよく盛りつけて。吸い物にはつくりおきの鶏ミンチボールと春菊など。

すき焼き風煮物。牛肉と野菜、糸こんにゃく等を炊き合わせます。魚のアラの吸い物には庭の山椒の葉を添えて。

夜はこの一汁一菜と決めたら、献立を考えるのが楽になりました。朝食も、毎日食べるものがだいたい同じです。食事はパターン化してしまうと、調理も苦にならなくなるように思います。

料理はずっと作っているものばかりで、珍しいものはありません。でも最近、挑戦したいことができました。故郷・長崎の卓袱《しっぽく》料理です。貿易が盛んだった長崎らしく、和洋中の料理が融合され、大皿に盛り付け、円卓で食べるのが特徴です。

中学生のとき、教育実習に来られた家庭科の先生が、卓袱料理の研究をされて本を出版されました。その本を読んだら、思ったよりも難しくなさそうで。

ハトシ（エビなどのすり身を食パンに挟み、揚げたもの）など、なかには作ったことがないものがあるので、それらをマスターして、卓袱料理でおもてなしをしてみたいです。料理の段取りや盛り付けを考えて……と、新しい夢ができてワクワクしています。

節分に紅白豆、端午の節句に和風ハーブ湯…季節の行事を楽しんで

季節の行事は、意識して楽しむようにしています。
慌ただしい毎日では、どうしても日々を楽しむのを忘れてしまいます。「障がい児・者の親の会」のメンバーとも、「親たちで楽しく盛り上げていこう」と言って、積極的に季節の行事を企画したり、家でした行事の様子を報告し合ったりしてきました。

６人家族だったときのお正月は、お客様も多かったのでおせちを作ったり、鰤《ぶり》を１尾買ってきてさばいたりしていました。でも今は、家族３人で過ごす静かなお正月です。黒豆、数の子、紅白なますくらいは作り、元旦はお雑煮を食べます。あとは、３人で焼肉をしたり、お好み焼きをしたりと、好きなものを食べています。

お花を飾って少しだけ華やかにもして。こんな小さなお正月も、今は楽しいです。

今年の節分は紅白豆を作ってみました。大豆を煎って、砂糖をからめるだけ。砂糖に少し食紅を入れると赤い豆に。紅白で並べて盛ると、見かけが華やかになります。甘くておいしいので、年齢分以上に食べてしまいます（笑）。たくさん作って保存し、節分以降も3時のおやつによく登場しました。

3月の節句のときは、七段飾りのお雛様を飾ります。娘が生きていたときは、「出すのもしまうのも面倒くさいな」と飾らない年もありました。亡くなってから、娘に見せたいと思い、毎年飾っています。

お雛様を飾るときは、娘と会話をする大事な時間です。そのために、半日ほど予定を空けておきます。「1段目はなんだっけ？」「牛車は右？　左？」なんて話しながら。結局わからずに、取り扱い説明書を見ることになりますが（笑）。

毎回ひと仕事ですが、飾り終えると「がんばったー！」と達成感があります。家に

ヨモギや柿の葉を束ねた、和風ハーブ。このまま湯船に浮かべます。ヨモギの良い香りに、新緑の季節を感じます。

節分の甘い豆。茹でた大豆をフライパンで10分ほど乾煎りし、別鍋で溶かした砂糖をからめる。すぐにバットで冷やす。

来た人にも喜んでもらえるのがうれしいです。

5月の節句は、兜の飾りを出し、ちまきを食べます。それから、菖蒲湯。菖蒲が手に入らないときは、野原でつんできたヨモギ、家にある柿の葉などをまとめて、和風ハーブ湯にします。湯船に入れるだけですが、青葉の香りが爽やか。柿の葉は美肌効果があるそうです。

9月の仲秋の名月のときは、お月見団子を作って、ススキと一緒に飾ります。親の会のメンバーとＬＩＮＥでお飾りを見せ合って盛り上がります。

家族の誕生日には、牛肉のステーキを食べてきました。障がい児を連れて外食するのは難しいから、家で少しだけ贅沢を。ソースは義母の秘伝のものを受け継ぎました。みんなでワインを飲んで、非日常を楽しみました。今でも、3人それぞれの誕生日にはステーキを食べます。

玄関にも季節の花を飾って。庭木のヤマボウシ。初夏にたくさんの白い花を咲かせます。

甘夏でマーマレード、かぼすでポン酢醤油…旬の果実で保存食作り

家の近くの山に、小さな畑を持っていました。甘夏や柚子の木があり、実がいっぱいとれたので、マーマレード、柚子胡椒をたくさん作って、姉たちや友人、仕事関係の方にお裾分けしていました。

数年前に、畑の管理が年齢的にも大変になったので、畑仕事をやりたい方にただ同然で譲りました。今も、その方が収穫した甘夏や柚子を持ってきてくださるので、ありがたくいただき、マーマレードや柚子胡椒を作り続けています。

作り方はごく簡単です。大量に作る場合、皮をむいたり切ったりする処理に時間がかかりますが、少量ならそれほど大変ではないと思います。

マーマレードは皮の苦みをとることが大切なので、私は一晩水につけた後、2回茹

ジャムは一度にたくさん作れば、年中楽しめます。いちごの季節にはいちごジャムも作ります。朝食のパンにのせて。

でこぼします。あとは皮と実を圧力鍋で煮て、好みの量の砂糖（私は甘夏に対して50％の量）を加えれば出来上がり。煮沸した瓶に入れ、保存します。

柚子胡椒は、青柚子の皮と青唐辛子を混ぜたものです。九州が産地で、いろいろな料理に使います。九州では手作りする家庭が多いです。

美智子姉をはじめ、楽しみに待っていてくれる人たちがいるので、作り続けています。青柚子の皮は大根おろし器ですりおろし、青唐辛子はミルで粉々にします。分量はだいたい半々ぐらいです。

青唐辛子は庭で作っているものを使いますが、柚子の季節を待っていたら、唐辛子が赤くなってしまいます。だから、夏の青いうちに唐辛子を収穫して冷凍。秋になって青柚子が手に入ったら、作り始めます。完熟した黄柚子と赤唐辛子で作る場合もありますが、私はフレッシュな青いほうが好きです。

普通の柚子胡椒には塩が入っていますが、私は塩を入れません。湯豆腐やお刺身などに柚子胡椒を使いますが、どちらも醤油をかけるので、柚子胡椒の塩は不要だと思っ

手作りのポン酢と柚子胡椒。どちらも毎日のように使い、欠かせません。コロンとした形がかわいい薬味入れは京都の清水焼。

ています。塩がなくても、唐辛子が入っているので、長くもちます。出来上がったものは冷凍保存し、食べる分だけ少しずつ冷蔵庫のパーシャル室にうつしています。

秋になると味噌を仕込みます。大豆を茹でてつぶして、塩と米麹か麦麹を混ぜて寝かせるだけです。私は甕《かめ》に入れて、常温で保存。暖かい時期に麹菌が活発に働くので、夏を越すと熟成がすすむようです。今食べている味噌は、一昨年の秋頃に仕込んだもの。毎年仕込んで、1年後くらいから食べ始めます。

ポン酢醤油を手作りしています。容器に醤油と出汁昆布を入れ、橙《だいだい》やかぼすなどの柑橘をしぼって加えるだけ。私は唐辛子も入れます。作ったその日から使えて、1年くらいはもちます。これも1年分を一度に作っています。ポン酢はタレとしてだけでなく、料理にもよく使うので、たっぷりあると安心です。

他に、６月になれば梅干し作りも。こうした季節の保存食は、たしかに手間はかかりますが、一度の仕込みで終わり、１年中おいしく楽しむことができます。

「またこの時期がやってきたな」と思いながら、旬の果実の良い香りをかいだり、それ自体が楽しい季節行事でもあります。

第3章　元気でいる秘訣

私の元気は「気持ちが先」で、体は後からついてくる

「どうしてそんなに元気なの?」と周囲の同年代の友達から聞かれることがあります。「息子がいるからじゃない? 貸しましょうか?」と言うと、「それはちょっと……」とお断りされます(笑)。

娘が亡くなったときも、息子は状況をまったく理解できず、淡々とお別れしました。そんな息子の姿を見て、「私たちがしっかりしないと、この子は生きていけない。元気を出さないと」と切り替えられました。

喪中でも、ご飯を食べさせないといけないし、ドライブに連れて行って気分転換をさせてあげたい。泣いてばかりはおれない。息子がいなかったら、きっと悲しみに暮れて立ち直れなかったはず。あの子に助けられました。

息子がいなかったら、どんな年寄りになっていたか。息子を支えていると思ったけれど、逆に支えられています。

障がい児を持つ、若いお母さんの中には「あの子がいるから、できないことが多い」と嘆く方がいます。そんなときは、「どれだけ助けてもらっているか、だんだんわかってくるわよ」と言います。高齢のお母さんたちはみんな、私と同じことを言います。決して重荷ではなく、親をいつまでも元気でいさせてくれるもとです。

亡くなった娘のためにも元気でいたいです。娘が亡くなったことは運命だと思っています。私が悲しんでいたら、娘があの世から「ごめんね」と謝り続けるはず。そんなことはさせたくありません。

子どもに頼れない。それどころか、自分がしっかりせねばと思うと、自然に元気になれるのかもしれません。美智子姉もひとり暮らしだから、元気なのだと思います。

６人家族で暮らしていたときも、私は１人ひとり自立してほしいと思っていました。

家族でもきょうだいでも、頼りすぎはよくありません。高齢になった義母には、「もうちょっと頼れると思ったら、そうではなかった」と笑われましたが、できることは自分で、できないことは助け合って。息子に対しても、同じです。

義父は92歳、義母は94歳で亡くなりました。2人とも比較的元気でがんばってくれ、私がオムツを替えるような本格的な介護をすることはありませんでした。

私自身も「介護認定はなるべく遅く」と、思っています。そのくらいの気持ちで、何でも自分でできるようにしておかないと。

私の元気は、気持ちが先で、体は後からついてきているのでしょう。

運動嫌い。代わりに家事をジムのトレーニングと思って

年齢のことはあまり考えません。日々、明日があるだけです。物忘れや腰が痛くなることはありますが、それは当たり前のこと。苦にはしません。

年寄りにしては薬が少ないほうだと思います。健康診断は毎年、しっかり受けています。コレステロール値が高いので、薬を飲んでいますが、それ以外は大きな問題はありません。

昨年、病院で血管年齢を調べました。血管の硬さと詰まり具合を調べる検査のようで、悪かったら薬を処方されるのかなと思っていたら、63歳でした。

とはいえ、運動は特別にしていません。運動は元々あまり好きではないのです。中

高生時代、テニス部に入っていましたが、レギュラーになれなかったし、高校生のときは途中で図書部に変わりました。

70代の頃、腰痛になりました。そのときは、スポーツジムに毎日通って、腰痛を治しました。日中は用事が入って行けないこともあるから、夕食後に行くことにしたら、1年ほど続きました。ジムには車に乗って行くので、その間は禁酒もして健康になったのかもしれません。腰痛が治ったら、スポーツジムは退会しました(笑)。

その後、娘が亡くなってから、また腰痛になりました。看病しているときはなんともなかったのですが、疲れがたまっていたのか、「来たな」という感じでした。

今度は運動では治らないほどひどかったので、病院に点滴を打ってもらいに、週1回3ヵ月通いました。幸い、治療法が合っていたのか治りました。

1日の歩数は3000~4000歩くらいでしょうか。でも、1日中織り物をして座りっぱなしというような日には、1000歩だけということも。

台所の上の棚は、取り出しやすいようにケースに分類収納。背伸びするのも運動になるかなと思っています。

住んでいる地域は車社会なので、すぐに車を使ってしまいます。近所でウォーキングをされている方も多いし、やったらいいだろうなと思うけれど、実際はやりませんねぇ（笑）。せめて手紙を出すときはポストまで歩こうとか、近くの用事は徒歩にしてなるべく歩くようにはしています。

運動をしない代わりに、家事をジムのトレーニングだと思ってするようにしています。

窓を拭く、草取りをする、手を伸ばして高いところのものを取る……。きついことは嫌ですが、きついからこそ運動になると思って、がんばってこなしています。

ヨガなどはしませんが、首を回したり、腕を伸ばしたりの簡単なストレッチは、気がついたときにやっています。

「体に良いもの」をおいしく食べたい。今は発酵食品作りに励んでます

運動らしい運動もしていないのに血管年齢が若いのは、食事に気をつけてきたおかげかなと思います。

それは私が被爆者だったことが大きいです。

長崎に原爆が投下されたとき、疎開をしていましたが、亡くなった親戚の遺体を探すために、まだ2歳だった私は母におんぶをされて爆心地に入りました。その当時は、原爆の恐ろしさを誰も知らず、被曝の量は多かったと思います。母は翌年癌で亡くなり、親戚の叔母たちも癌で亡くなったりしていました。

私は幸い81歳まで大きな病気をしないで、健康に生きてこられました。ただ、「自分もいつ癌になってもおかしくない」とずっと恐れを抱いていました。

自分だけでなく、被爆者の子どもたちは免疫が弱いのかもしれません。だから息子も娘も、病に負けてしまった……。姪も国の難病指定の免疫不全の病気です。みながみな健康に問題が起こっているわけではないので、それが被曝2世だからかどうか証明はできませんが……。

食べ物が体を作ると思って、食事には気を遣ってきました。

とはいっても、料理に時間はかけられないので、特別なことはできません。学生時代に習った、炭水化物、タンパク質、ビタミンなどの栄養素をとるというような、バランスの良い食事を心がけているだけです。海の物と山の物、肉と魚を交互に……と、なんとなく意識して日々の献立を考えます。

昼食に、昨日の夕食の残りのカツでカツサンドにしたから、夕食は軽く湯豆腐にしよう。朝昼が軽かったときは、夕食に肉や魚をしっかり食べようなど、1日の中で調整するようにしています。

さらに、自分の食べたいものを優先に。よく動いた日は、肉や魚を食べたくなるの

通信教育で取得した「発酵食品ソムリエ」。知識が体系的に整理されました。

で、体の声に素直に従います。

海が近く、新鮮な魚がいつでも手に入るのはありがたいです。田舎なので、野菜も安く買えます。近所の人が畑をやっており、いろいろな野菜をお裾分けしてもらっています。

娘が闘病中、発酵食品が免疫力を上げると聞き、夏みかんで発酵シロップを作ったりしていました。以来、発酵食品への関心が高まり、通信教育を3ヵ月間受講して、発酵食品ソムリエの資格を取得しました。

好きなことができる夜9時からのゴールデンタイムに、テキストを開いて勉強しました。70代で勉強するのはなかなか大変でしたが、楽しい経験でした。

発酵食品は体の調子を整えてくれるものです。腸に効果があるとされています。味噌をはじめ、納豆やヨーグルトも手作りしています。難しそうに聞こえますが、実はとても簡単。納豆は茹で大豆に市販の納豆を、ヨーグルトは牛乳に市販のヨーグルトを混ぜるだけ。炊飯器等で40℃ほどの低温にかけることで、菌が働き、発酵が進みます。どれもおいしく、楽しみながら続けています。

さらに興味が広がって、塩麹、醤油麹、玉ねぎ麹も、ＹｏｕＴｕｂｅを参考に作り始めました。なかでも、玉ねぎ麹で作ったドレッシングは絶品で、野菜がたくさん食べられます。

体に良いものを、おいしく食べたいという気持ちです。その方法はいろいろあり、新しいものもどんどん出ていて、まだまだ勉強中です。

発酵食品いろいろ

味噌

茹でた大豆を、塩と米麹か麦麹を混ぜて寝かせるだけ。１年後くらいに出来上がるのでゆっくり待ちます。

甘酒

炊飯器にご飯、米麹、60℃の湯を入れて、保温にし、１晩置くだけ。おやつにそのまま飲むことが多いです。

ヨーグルト

牛乳500mℓ、市販のヨーグルト大さじ3を、フタ付きの容器に入れて混ぜます。室内に置いておくだけで、だいたい1日で完成。

玉ねぎ麹のドレッシング

玉ねぎみじん切り300gと米麹100g、塩30gを容器に入れ、10日ほど置いて玉ねぎ麹を作る。オリーブオイルと混ぜてドレッシングに。

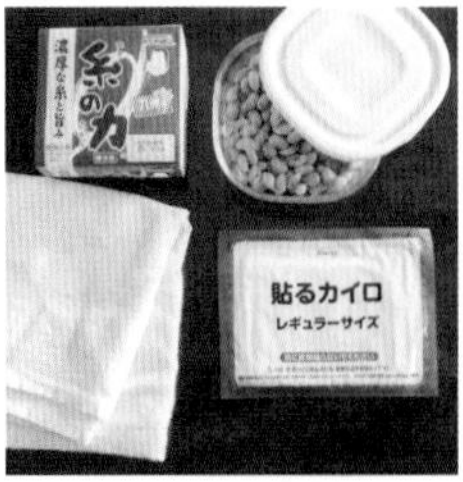

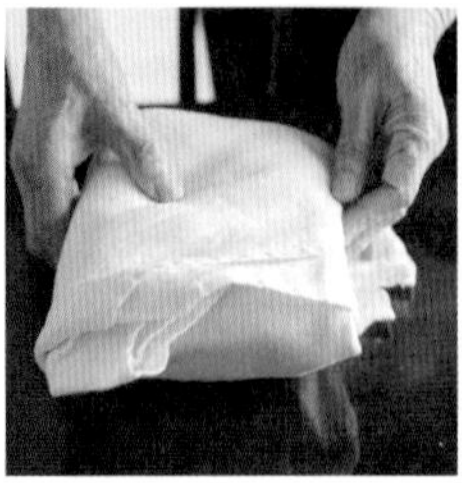

納豆

大豆はたくさん茹でて冷凍しておくと便利。温めてから納豆と混ぜます。パンに納豆をのせて、マヨネーズをかけて焼いてもおいしいです。

上）温かい大豆と納豆、布、カイロを用意。
下）大豆に納豆を混ぜ、カイロとともに容器を布で包む。一晩で出来上がり。

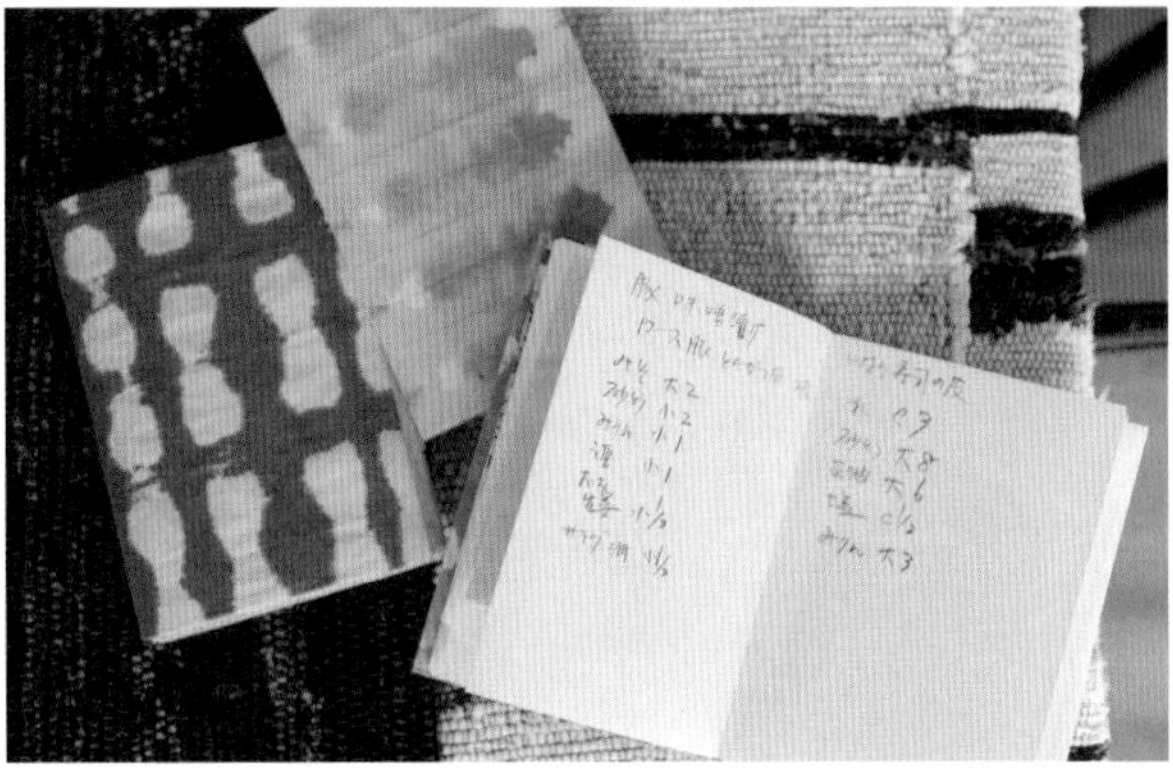

レシピをまとめたノート。雑誌などの切り抜きを貼り付けておくことも。
ノートカバーは自分で染めた和紙。

「明日の用事」を考えて、前向きな気分で眠りにつく

元気でいるには、「明日の仕事」をつくることだな、と思っています。

夜寝るとき、「今日も1日元気だった。ありがとうございます」と感謝する人は多いようですが、私はさらに「明日は○○がしたいので、明日もどうぞ元気にしてください」というお願いを付け加えます。

同世代の友達が、「毎日することがない」と言います。

「自分で作ればいいじゃない。テレビの後ろの埃をとるのでもいいのよ」と返事をしたら、「そうね。埃はだいぶたまっているしね」と笑っていました。

大きなことでなくて、小さな用事でいいのです。明日やることがあると思うだけで、

前向きな気分で眠りにつくことができます。

掃除ではなくても、何でもいいのです。「明日は外出の予定がないから、午前中はピアノを弾こう」「久しぶりに図書館に行って本を借りよう」……そんなふうに考えると、明日がちょっと楽しみに。

そして、翌朝目覚めたときは、「そうだ、今日はあれをするんだった」と、前向きな気分で起きることができます。

夜に本を読むのはリビングで。布団に入ったらストンと寝てしまいます（笑）。

80歳前まで続けた社協の仕事。大きな張り合いだった

「障がい児・者の親の会」で活動する中で、市の福祉課や社協（社会福祉協議会）とつながりができました。福祉の勉強もしてきました。

60代から、ピアサポーターを15年ほど続けました。「ピア（peer）」とは、仲間という意味。障がいを持つ当事者やその家族として、同じ立場の人の相談にのる仕事です。

さまざまな相談を受け、自分も勉強になりました。年2回研修会があり、必ず参加して知識をつけました。仲間もたくさんできました。

ピアサポーターの活動をしていたことが、ライフサポーターの仕事の依頼につな

がったのだろうと思います。

社協のライフサポート事業（地域福祉権利擁護事業）において、高齢者や障がい者など自立した生活が難しい方々の、生活管理と金銭管理をサポートする生活支援員です。70代に入り、社協に声をかけられ、ピアサポーターと並行する形で始めました。

これまで地域でお世話になってきましたから、少しでもお返ししていきたいという気持ちがありました。

定期的にお家を訪問し、生活が成り立っているかを確認。難しいなと思ったときは、社協のコーディネーターさんにつないで、ヘルパーさんなどを派遣してもらいます。

また、その方の収入（年金や貯金なども含む）を把握し、何にいくら使うかを一緒に考えて予算を立て、実際に使い道を確認します。

「お金が足りない」という方には、「今月は使って、来月は少し辛抱しましょう」とうまくメリハリをつけて、楽しく生活ができるようにアドバイスをしました。

なかには、貯金ゼロだったのに、一緒に金銭管理をするようになったら、貯金ができるようになった方も。それが励みになって、生きる希望を見つけられ、私もうれしかったです。

ライフサポーターでの私の担当は、最初は4名。途中で1人の方が引っ越しをしたので、最終的には3名でした。おじいさんと知的障がいのお子さんの家族、ひとり暮らしのおばあさんが担当でした。

月2回の訪問を、6年間続けました。難しい仕事ではありましたが、人の話を聞いてサポートすることが好きなので、私には合っていたと思います。今までの経験も生かされたし、新しいネットワークもできました。知識も増えました。

70代でするには、ちょうどいい仕事量でした。また、自分自身が高齢者だからこそ、長く地域に住んでネットワークがあるからこそ、お役に立てる仕事でした。日々の大きな張り合いでもありました。

80歳を前に、どちらの仕事も引退したのは、家族の健康を考えてのことでもありました。

夫も80歳を超えて、いつ何があってもおかしくないし、息子も50代になり体調が心配になってきました。実際には、２人はまだ元気ですが、何かあったとき突然辞めては迷惑をかけてしまうので、少し余裕があるうちにと思いました。

ライフサポーターで訪問していたおばあさんから、「辞めても遊びに来て」と言われましたが、職務上の規定でできません。仲良くなったので寂しいですが、「どうかお元気で」と心の中で祈って引退させてもらいました。

今している仕事としては、ボランティアですが、知人が始めた福祉事業所の第三者委員を頼まれ、関わっています。

主な仕事は、日頃の福祉事業所の様子を見ること、経営者と利用者に何かあったときの仲裁ですが、今のところ何事もなく過ごしています。福祉とのつながりは続けていきたいなと思って、お引き受けしました。

小さなことでいいから、人を助ける。「話を聞く」だけでも

ライフサポーターの仕事は引退しましたが、今でもそれに近いことはしています。

近くに住む、ひとり暮らしの女友達のサポートをしています。気がかりな人が４人それぞれ91歳、86歳、81歳、78歳。

私がまだ車の運転ができるので、病院や買い物、美容院、役所などに付き添います。マイナンバーカードなど、必要な情報の提供もし、実際にマイナンバーカードの申請にも一緒に行きました。

お子さんがいても遠く離れて住んでいたり、お嫁さんに遠慮するなどして、なかなか頼れない状況。「何かあったらお手伝いするよ」と言っています。

ひとりは最近、認知症の症状が見られて気がかりです。ご主人が病気で入院し、お

20 代に免許を取得。後に息子の通院や遠距離通学に役立ちました。車のおかげで行動の自由、時間短縮ができました。文字通り、私の足です。

子さんもいないので、ひとり暮らし。このお宅を訪問することも、「明日の仕事」に入ってきました。認知症の講座も受けました。認知症の症状や認知症の方への対応など、一通り学びました。

友達なので、あくまでボランティアです。自分自身の勉強になることも多いし、みなさんから知恵をもらうこともあるから、お互い様です。社協の仕事を離れても、福祉のネットワークはつなげておきたいという気持ちもあります。

今、お金をいただく仕事はしていません。報酬はやりがいになりますが、間違えたらいけないと気を遣うことにも。だから、80歳からは少し肩の力を抜いて、マイペースで人の役に立つことをしていきます。

趣味の織り物を、友人3人に教えています。「月謝をとって」と言われるけれど、それはしません。月謝をとると、私のほうが「ちゃんと教えないと」とキツくなるので。固定のレッスン日ではなく、お互いの都合がつくときに、くらいの気楽さがちょうどいいです。

ひとりは訪問看護師をされており、仕事が終わった夜、わが家に来られます。夜中の2時ぐらいまで、あれこれ話しながら織って帰られます。24時間休みがない大変な仕事です。あるとき、「今日は深夜に看取りが入るかも」と言っていたら、実際に呼び出されて、仕事に向かわれたこともありました。

織り物をしている時間が、少しでも気分転換になったらと思います。それに、いつか私が病気になったとき、助けてもらうことになるかもしれない。やっぱりお互い様です。

高齢者になって、これからは助けてもらうことが多くなるけれど、少しでも助ける側に回りたいと思います。

大げさなことでなくても、たとえば近所の人の話を聞くだけでもいい。何の力にもなれないけれど、「聞いてもらうだけで、スッキリした」と言ってもらえることもあります。「また、話に来ていい？」と言われると、役に立ってよかったなと思います。

その後、どうなったのか気になる場合もありますが、「何も言ってこないのは、解決したということ。よかった」と思い、深追いはしません。

今までの人生を振り返ると、50歳くらいまでは向かい風でした。でも、それ以降は、追い風になってくる。どんな大変なことがあっても、今までしてきた経験や勉強がエネルギーになり、乗り越えることができました。

70歳からは、そのエネルギーを誰かのために使いたいと思うようになりました。ライフサポーターのお話をいただいたとき、そんな気持ちがますます強くなりました。仕事は引退しましたが、周囲の人たちへのサポートは、できる範囲で続けていこうと思っています。

ピアノも織り物も、器や布を巡る旅も…したいことはまだまだたくさん

仕事は思いきって引退し、心にも時間にも余裕ができました。織り物やお菓子作り、ピアノなど、楽しいことに時間を使おうと思います。

以前から好きでやってきた趣味ですが、仕事、介護、家事などいろいろな用事が入り、今週は時間がない、しばらくは難しいなど、お休みすることもありました。

ピアノは、48歳のときに始めました。元々は娘が弾いていたけれど、東京の学校に入ったので、弾く人がいなくなりました。処分しようかなとも思ったのですが、「待てよ、私がやろうかな」と軽い気持ちで始めました。ピアノの先生にも引き続きお願いし、ずっと続けてきました。

最近は、朝の家事が終わり、その後何も予定がないときは、ピアノの練習をします。1時間から1時間半くらい。ひとりで弾いているだけですが、とても楽しいのです。指は、思うように動かないから下手ですけど、もっと優しい音にならないかなと思っています。先生とも「涙が出るような、気持ちが豊かになるような音色にしよう」と話しています。

若い頃は、毎日の暮らしと趣味は別のものだと思っていました。悩みの多い暮らしからあえて切り離したほうが、趣味の世界を楽しめると考えていたのです。でも、徐々に、それは違うと気がつきました。ピアノや織り物は、大変な暮らしの彩りになってくれました。そして、毎日の暮らしから湧き起こった気持ちが、ピアノにも織り物にも反映されていました。

ピアノの先生は、私の大変な生活を理解してくれ、「フジコ・ヘミングさんのようなピアノが弾けるといいね」と、ずっと言ってくれていました。もちろん、レベルは全然違うけれど、優しい気持ちがあふれるように弾けたらいいなと思います。

やっと先生が言ってくれた意味がわかるようになりました。なかなか上達はしないけれど、無理にがんばらなくてもいい。自分を出していけばいいと思ったら、気持ちが楽になりました。

織り物も不揃いだけれど、温かい気持ちを織り込んだものに。これまで生きてきた味を、もっと出していきたい。若い頃は自分に厳しかったけれど、今、優しくなりました。80年生きてこなかったら、表現できないものがあると思います。

なかなか旅行に行くことはできませんが、今、興味が湧いているのが、新潟県の佐渡島です。

私がやっている織り物の中で、とくに好きなのが、古布（古い着物）を細く裂いて横糸にして織る、「裂《さ》き織り」という技法。佐渡は古くから裂き織りが盛んな地域で、気になっていた場所でした。

図書館で裂き織りの本を借りたら、佐渡の木綿の歴史が紹介されていて、行きたくなりました。古い裂き織りも見てみたいです。

30年以上続けていますが、うまくはありません。でも私らしい感情は表せているかな。

息子が週末に帰ってくるので、平日にひとり旅です。最近、「一緒に行きたい」という人が出てきたので、ふたり旅になるかもしれません。

夫とは、一緒に旅はしません。忘れ物が多く、旅先でまで世話を焼きたくないからです（笑）。そもそも趣味が合わないということもあります。

もうひとつの理由は、一緒に旅行に行って事故にあったら、息子をひとり残していくことになるからです。以前、障がい者の子どもを持つ先輩の講演会に行ったとき、「夫婦で事故にあわないように、同じ飛行

よく読むのは織り物の本。きれいな写真を眺めているだけで心躍ります。

機には乗りません」という話に納得、わが家でも実行することに。

「この年だから……」とは、不思議と考えないです。80代になったから、もうできないということはない。

まだ何でもやれそうだし、やりたいことがある。年齢に対してマイナスな気持ちはあまり持っていません。

今の女性の平均寿命は87歳。まだまだそこに到達していません。それより、やりたいことがあって、そちらに気持ちが向かいます。

元来、新しもの好き。若い人たちのすすめや誘いにはどんどん乗って

今年に入って、仲の良い姪から仕事を依頼されました。

彼女のアメリカ在住のお友達がオーガニック食品の店をやっており、そのお店で売るエプロンをデザインすることになったそう。姪は若い頃、アパレル会社でデザインの仕事をしていました。

「肩紐を裂き織りにしたい。久美子おばちゃん、作ってくれない？」と言われました。

80代の私に、若い人から「一緒に作ろう」と依頼が来ました。もちろん、返事はその場でＯＫ！　ワクワクドキドキして、夜も眠れないくらいでした。80代にして世に出る！　それもアメリカ！

若い人からエネルギーをもらえるだけでうれしいのです。

エプロンのデザイン、縫製は姪がして、私は肩紐担当。

本体の色は藍色、ジャパンブルーです。肩紐のサイズは横3センチで縦50センチなので、まずはサンプルを作りました。硬さ、色合いなどを確認してもらい、修正して作り直しました。

そして、いよいよエプロンが完成し、アメリカでネット販売が始まろうとしています。美智子姉に1枚プレゼントしたら、YouTubeで披露してくれました。

娘亡き後も親しく付き合っているお婿さんは、デザイン事務所を経営しています。お婿さんとコラボして、カメラやスマホにつけるストラップを裂き織りで作りました。彼が運営している、週末に手作り作品を売るセレクトショップに置いてもらったら、少量ではあったものの完売！

首から下げるような長いものがほしいという声もあるので、ただ今商品開発中です。

こんなふうに、若い人たちから声がかかるのは、ワクワク・ドキドキすること。80代でいいことあるな、とうれしく思っています。

新しいことには、どんどん乗っかっていこう、挑戦してみようと思っています。

元来、新しもの好き。若い人の音楽も聴きます。今どんな良いものが出ているのかな、と知るのが楽しいのです。

パソコンは、「障がい児・者の親の会」で会長をしていた50代から始めました。会計の仕事でエクセルを使ったり、公文書、会報などを作るときにワードを使ったりと、

裂き織りで作ったエプロン紐。１本１本違う柄です。

必要に迫られて覚えました。

ネットでの買い物は、ほしいものがすぐに見つかるし、配達してくれるので便利ですね。娘が元気だった頃、「こんな田舎で、年をとったら買い物が大変になる。今のうちに、ネットで買い物ができるようになったほうがいい」と言われ、教えてもらいながらアマゾンでの買い物も始めました。言われた通りになり、今はアマゾンで買うことが多いです。

パソコンはメール、YouTubeやアマゾンプライムの視聴などにも使っています。今年からノートで家計簿をつけ始めましたが、来年からはエクセルにしようと計画中です。

スマホは得意とはいえないけれど、必要な部分だけはどうにか使いこなしています。現在3台目です。一番最初は、姪が「一緒にスマホにしよう」と誘ってくれたので、「わからないことも聞けていいな」と思い、同じ機種を購入しました。

今はiPhone12で、通話はもちろんLINEなど連絡ツールに欠かせません。

それから、スマホはインターネットでの調べ物でも活用。本を読んだり、人と話したりしていて、何かわからないことがあったとき、すぐに調べます。疑問がすぐに解決でき、本当に助かっています。

家電の買い替えも検討中で、いろいろ調べて楽しんでいます。

今、使っているミキサーとフードプロセッサーは、どちらもくたびれてきました。アマゾンで、2台の機能を1台にまとめられるものを見つけました。収納場所もコンパクトになるし、2台買うよりも値段も安くすみます。

まだどうにか動きますが、どちらかが壊れたら買い替えようと思っています。

第4章　節約も楽しみに変えながら

ずっと家計は大変だった。今も年金の中で簡素に暮らしています

夫は60歳で定年退職しました。それから年金生活になりましたが、周囲の友人と話したら、わが家の年金は他のお宅よりだいぶ少ないようです。

その理由は、他の人より働いている期間が短かったから。夫は大学に入る前に浪人をして、28歳まで学生でした。18歳や22歳で社会に出ている人より年金保険料を納めていないのです。

定年後に、あら！と気がつきました。それでも、その中で生活していかなければ、と決心しました。

元々、全然貯金ができませんでした。息子が子どもだった当時は福祉が充実してい

なかったので、障がい児を育てるにはお金がかかりました。養護学校の送り迎えもガソリン代がかかり、車の傷みが早くて買い替えのお金も必要でした。

夫が55歳のとき、娘が学校を卒業して社会人になり、教育費がなくなりました。なかなか進路が定まらない娘には「自立できないなら、帰ってきなさい」と言って、仕送りはおしまいに。娘は帰郷することはなく、東京で自活しました。

同じ時期に家のローンも終わり、ようやく貯金ができるようになりました。定年になるまであと5年、「よし、貯めよう」と思ってがんばりました。ボーナスは全額貯蓄へ回し、毎月の給料だけで生活できるように、やりくりしました。

5年間で、なんとか老後に困らないように貯金ができました。退職金は、夫と２人で山分け（笑）。とはいえ、家計は私が預かっているので、一括管理をして老後資金になりました。

定年後は、夫の年金だけで生活するようにしています。４年後に、少額ですが私の年金も入ってくるようになりましたが、それは特別出費用として全額貯金。

毎月の予算は決まっています。7万円を銀行口座から引き出します。内訳は、食費や日用品費などの生活費に6万円、夫の小遣い1万円です（夫はほとんど家にいるため、この額で余るくらい）。

口座に残したお金から、水道光熱費や通信費、ガソリン代、カード決済の買い物、固定資産税などが引き落とされます。生協の引き落としもここから。食材や日用品を購入し、だいたい月2万円です。

私の年金や定年前に貯めた貯金、それから退職金は、特別出費用です。冠婚葬祭や車の買い替え代、家のメンテナンス、旅行などに使っています。田舎なので車は必需品で、定年後に3台買い替えました。あと1回必要かな……、これはまだわかりません。

お金の心配ばかりするのもつまらない。大事と思う出費は惜しまずに

節約はしますが、いつも財布の中を見て、お金のことばかり気にかけているのもつまらないものです。楽しいことにはお金を使いたい。そこはメリハリをつけて。もし足りなくなったら、自分の年金から出せばいいと思っていますす。それでなんとか回っています。

とはいえ、普段の生活は簡素なもの。あまりお金は使いません。田舎に暮らしているため、お金がかからないということもあります。

高い宝石や洋服も買いません。洋服は手作りすることが多いです。自分で織った布で作ることもあるし、昔、娘や姪、美智子姉と一緒に旅行で行った京都の骨董市で買っ

た布で作ることもあります。

今から30年くらい前は、まだ藍染めの古い布が安くて、着物が1着2000円ぐらいで買えたので、大量に買って段ボールで家に送っていました。今は高くなってしまって手が出ませんが、まだ使っていない布が衣装ケースにたくさんしまってあります。追加で買わなくても、ずっと縫い物を楽しめると思います。

布が大好きなので、「この布とこの布を組み合わせて、何を作ろうかな」なんて眺めているだけでも楽しいのです。洋服のほか、バッグ、タペストリー、クッションカバー、ランチョンマット、コースターなどを作ります。裂き織りに使うことも。新しい布では出せない、古い布の色、柄、質感が魅力です。

生活費の中では、食費の割合が高いです。口に入れるものの素材にはこだわりたいので、どうしても食費がかかります。でも、ここは削りたくない。代わりに、他のところで工夫しようという発想です。

たとえ食材にお金がかかっても、やはり自炊が安くつきます。外食は友達と月1〜

裏庭で育てているハーブや葉物類。後列左から三つ葉、ミント。前列左からバジル、春菊、レタス。他に大葉やパセリ、山椒なども。

生ゴミはボカシ（有機肥料）を加えて堆肥に。バケツの底はあいています。バケツを引っこ抜けば堆肥が自然と土に混ざります。

2回、夫と時々お昼にうどんやラーメンを食べに行くくらい。お惣菜など、人の手が入ったものは割高になるので、ほとんど買いません。

裏庭で薬物、大葉などの季節の薬味、パセリやミントなどのハーブ類を育てています。野菜の皮や芯などの生ゴミは、土に埋めて堆肥にしたり。ゴミを減らせて植物も元気に育ち、一石二鳥です。

冷蔵庫のものも使い切り、無駄にするということはありません。野菜が半端に残っているなと思ったら、全部刻んでお漬物にしてしまいます。

田舎なので、新鮮な魚や野菜が安く手に入るということもあります。娘のお婿さんが時々、横浜から来てくれますが、リュックいっぱいに野菜を買って帰ります。

生活は簡素ですが、締めるところは締め、自分にとって大事なものにはお金を使うというメリハリをつけているので、寂しくはありません。食いしん坊なので、食べることは優先順位が高いです（笑）。

電気代アップは家電買い換えのチャンス。節約も楽しいイベントに変える

年金の支給額が減った……と友達が嘆いていましたが、働かなくても毎月お金が振り込まれるなんて、本当にありがたいことです。文句など言えません。

電気代も物価も上がり、年金生活者にはさらにつらい状況ですが、ここは発想の転換。お金が足りないと考えずに、「節約するためにどうしたらいい？」と考えるほうに時間を使います。こちらの支出が増えたら、あちらの支出を減らせばいい。それで減らせたら「やったあ」とうれしくなります。

６人家族で暮らしていたときも、家計は大変でした。外食しないで自炊が多いのも、ずっとお金がなかったから。

牛肉は買えず、鶏肉、豚肉、ミンチが中心で、それらを使ったメニューを一生懸命研究しました。定年退職した義父には、畑で野菜を作ってもらったりしました。そうやって工夫し、やりくりしてきました。だから、今もどうにか乗り越えられると思っています。

食費以外でどこか削れる部分はないかと考えました。

スマホの通信費を下げようと思い、格安ＳＩＭのお店に行ってプランを相談。「今入っている会社（キャリア）を違約金なしで解約し、新しく入れますか？」とお店の人に聞いたら、「できます」とのことなので、早速プランを見直しました。２０００円ほど安くなりました。「スマホの世界もこまめに見とかんと」と思いました。

わが家はオール電化なので、電気代がアップすると家計への影響は大きいです。今までは、月２万円を予算にして、乗り切っていました。冬の一番高い時期でも月

アラジンのストーブ。上に
のせるやかんは赤い色を選
びました。元気が出る色だ
なと思います。

2万6000円ぐらいでしたが、電気代が値上がりしたので月3万5000円になってびっくりしました（2023年1月当時）。

まずは、暖房費を減らす工夫を考えました。寒がりなので、寝るときに電気毛布を使っていましたが、湯たんぽに変更。

それから、石油ストーブを買いました。温度が上がるまで数分間は、エアコンもつけておきますが、その後はストーブだけで暖かいです。

息子が帰ってくる週末は、ストーブは使いません。てんかんの発作があるかもしれず、急に倒れたら危ないので、安全第一に。

灯油代もかかるので、エアコンだけのときの電気代とどちらがお得になるか、家計簿をつけて検証します。

ストーブの購入代金は、特別出費から出しました。このお金を含めると、元を取るのは少し先だと思いますが、新しいものを買うのは楽しいこと。長く使えそうな機種を選んだので、きっと元は取れると思います。

こんなふうに、工夫して楽しみながら節約をするほうが長続きするもの。むやみに我慢するのはストレスになります。良い方向、楽しい方向に切り替えられたらと思います。

髪の毛はもう5年くらいセルフカットです。

セルフカットは節約のために始めたわけではなく、美容院で切ってもらうと、どうもしっくりこなくて。自分で切ってみたら、髪のクセが落ち着いたので、セルフカットになりました。でも、結果的に節約になったし、ちょうど良かったです。

水道代節約のために、庭に大きめの甕を置いて雨水をためています。田舎なので庭が広く、水やりにはけっこうな量の水が必要です。だから、雨水を水やりに活用しているのです。

水のあるところに蚊が集まりやすいと言われますが、わが家の庭は緑が多いので、水甕がなくても蚊がいます(笑)。庭に素敵な甕を置いてみたいなとも思っていたので、2個置いてみました。1個はご近所さんから譲ってもらいました。

家計簿を再開。支出の変動をデータ分析して楽しんでいます

家計簿はずっとつけていましたが、年金生活になってからやめました。年金の額も毎月同じだし、出費もだいたい同じなので、つけなくてもいいなと思ったのです。ただ、ここ最近は物価が上がって、家計が苦しくなってきたので、家計簿を復活させました。といっても、食費や日用品などの日々のやりくりの記載はしません。毎月の生活費の金額は決まっているし、実際にそれ以上買うことがないからです。元々余裕をもって予算を組んでいるので、食費や日用品は今のところ予算内に収まっています。

今つけているのは、電気代、水道代、通信費、灯油代、カードで払っているガソリ

家計簿のセット。袋は本棚の引き出しの取っ手に引っかけて。袋は収納グッズとして便利です。

ン代やスマホ代、生協など、金額の変動をチェックしたいもの。それから、年金、税金や保険やNHK代など、年払いをしているものを記録するため。

さらに、ユニセフと認定NPO法人「障がい者より良い暮らしネット」に、それぞれ1年に2回夏と冬に3000円ずつしている寄付も記録としてつけています。「障がい者より良い暮らしネット」は、障がい者のお母さん3人が立ち上げた素晴らしいNPOなので、何か応援したいと思い、少額ですが寄付を続けています。

冬の電気代は、エアコンだけのときと、石油ストーブと併用したときでは、どれだけ違うのかを検証してみました。電気代+灯油代のほうが、一番高い月で5000円くらい節約になったことがわかりました。

家計簿を再開する前に、家計簿、領収書を入れるファイル、計算器、筆記用具をひとまとめに入れておけるバッグを作りました。古い生地をパッチワークして、刺し子もあしらいました。持ち手は革を使い、リビングの本棚の引き出しの取っ手に引っ掛けられるようにしました。

大好きな古い布を使ったバッグで、やる気をアップ。しまい込まずに、すぐに取り出せるようにしたのもポイントです。こういう工夫がワクワクするのです。何でも楽しいことにしてしまいます。

ただ、半年ほどノートにつけましたが、「パソコンのエクセルでつけるほうが、比較もできて楽だな」と思い、来年からは切り替えようと思っています。家計簿用に作ったバッグも別の資料入れにしようと、次の使い方の目処がついています。

手土産や来客のおもてなしは、素材にこだわった手作りお菓子で

第三者委員をしている福祉事業所へ行くときなど、手土産を持参する機会が多いです。そんなとき、市販のものを持っていくことはなく、手作りのお菓子を差し上げます。市販のクッキーやケーキなどの価格が、ますます高くなっていると感じます。でも、お礼の気持ちを伝える品は必ずお渡ししたい。元々お菓子作りが趣味でした。差し上げる人のことを考えながらお菓子を作るのも、楽しい時間です。手作りだと、より素材にこだわったお菓子にできるのもいいです。

よく作るのは、クッキーやフロランタンなど、数が多くできるもの。オートミールが入った、軽い口当たりのアンザック・ビスケットが定番です。オー

ストラリアのお菓子です。日もちがして小分け包装できるので、気楽に差し上げられます。ココナッツを加えた甘い香りのクッキーで、子どもから高齢者までどなたにも喜ばれます。マーマレードなど季節の保存食を差し上げることも。

手作りの素朴なお菓子も、ラッピングで少しおめかしすると、まるでお店で買ったみたいになります。

ラッピングで使う袋や紐などは、近くにラッピング専門店で年1回ぐらいまとめ買いして、ストックしています。１００円ショップでも買えますが、さらに安くて大助かり。

オートミールのクッキーは1枚ずつ入れるのにちょうどいい透明な袋があるので、それに入れ、さらに何枚かまとめて大きな袋に入れます。

「どんな袋を使おうか」「リボンは何色にする」なんて、ラッピングを考えるのもワクワクします。

手土産だけでなく、わが家に来てくれた方のおもてなしにも、手作りお菓子が登場します。

なかでも好評なのが、花豆を甘く煮たもの。花豆は固いので、一晩水につけて、1回茹でこぼしたら40分ほどじっくり煮ます。あとは砂糖と塩ひとつかみ入れて10分ほど煮るだけ。

クッキーなどはひとつずつ成形する手間があり、オーブンで一度に焼ける数も限られます。その点、煮豆は鍋で一度に作れるので、楽です。

たくさん作って冷凍しておきます。自然解凍でおいしく食べられます。

お菓子はお茶とセットにして、1人分ずつランチョンマットやトレーにのせるのがわが家流。カップには、コースターも必ず添えます。定番のお菓子でも、組み合わせ次第で新鮮に見えます。おもてなしの気持ちが伝わるかなとも思います。

他に、カップケーキ、シュークリーム、おばぎなども作ります。

最近、初めて挑戦したのが、タルトタタンです。元々りんごが好きで、いつか作ってみたいと思っていました。たまたまテレビで、フランス人の女性が田舎を紹介するドキュメンタリーを見ていたら、その方が作っていたのです。

参考にして作ってみたら、とてもおいしくて。もっと作りたいと思って、ネットで調べて、長野から紅玉りんご10kgを取り寄せました。地元で紅玉の季節が終わってしまいましたが、食いしん坊なのであきらめませんでした。

りんごは40個ぐらい入っていたので、何回かに分けて全部煮て、冷凍しました。5～6回焼きましたが、その都度作ったのは生地だけ。手軽に作れたので、手土産にも持って行きました。

クッキーもタルトタタンも、作るのは1日の終わり、夜9時からの私の時間に。電話もかかってこないので、集中して作れます。

お菓子は作ることも楽しいし、食べながら「どうやって作ったの?」などと会話のきっかけになるところもうれしい。「私はこうしているよ」「これを作っているわよ」なんて、逆に教えてもらうこともあります。

来客用にストックしている花豆の甘煮。砂糖はきび砂糖を使っています。白砂糖よりコクが出ます。

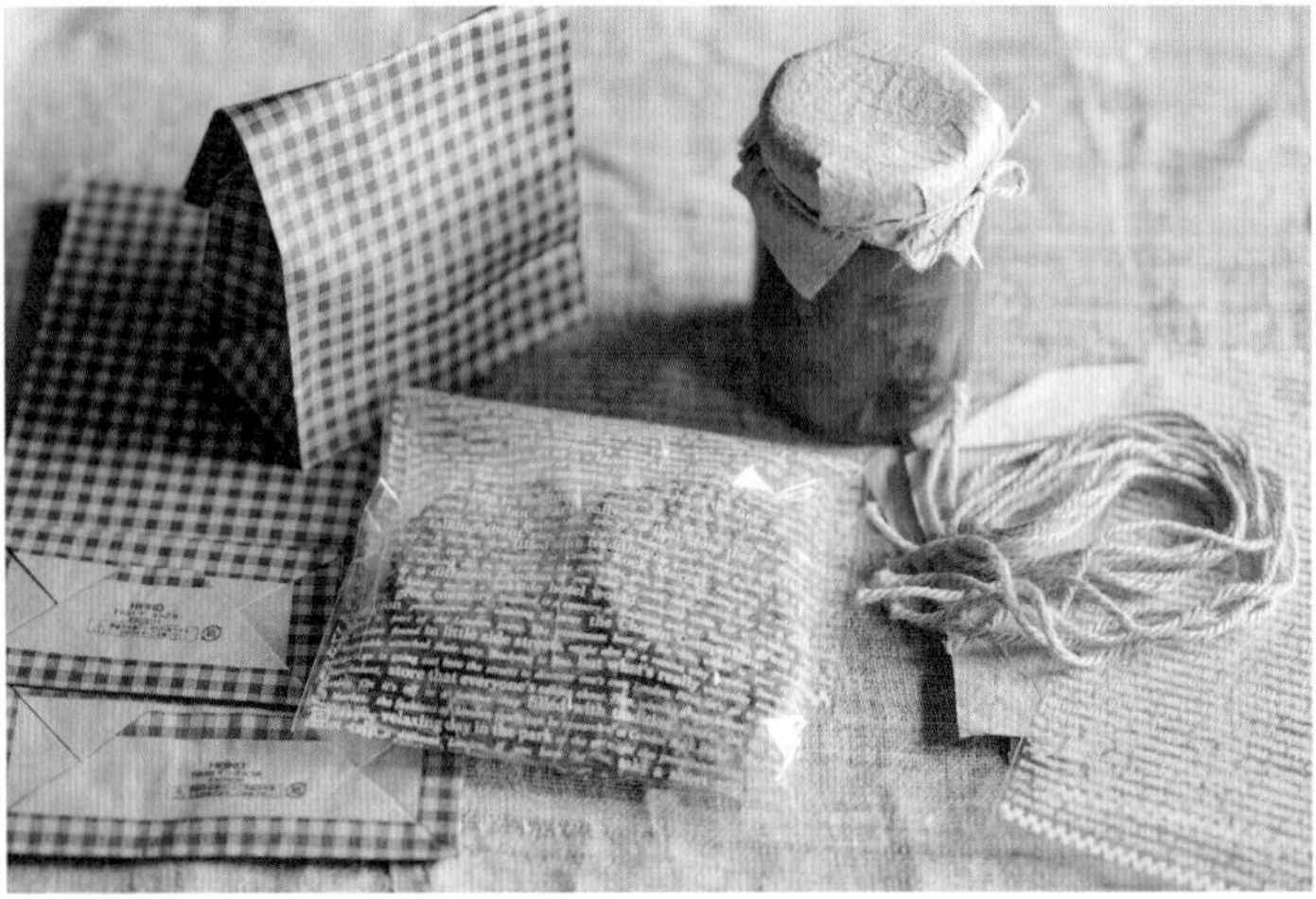

ラッピングいろいろ。なかのお菓子はアンザック・ビスケット。オートミールの入った、さくさくした食感。卵を入れないので日もちします。

第5章　人間関係は踏み込みすぎずに

いつでも「オープンでいる」ことで生きやすくなった

息子が子どもの頃は、障がいを隠されている方もいました。でも、私は、どこにでも息子を連れて行き、隠すようなことはしませんでした。

障がい児がいる、特別な家庭にしたくないと思っていました。夫も娘もおり、他の家族が犠牲になってはいけない。普通の家庭にこの子がいる、という形にしたかったのです。

障がい児を抱えながら、普通の生活をするのは大変なことです。家にこもってしまうほうが楽かもしれない。でも、そうはしたくありませんでした。

甥や姪の結婚式の披露宴に連れて行くと、息子はじっとしていられないのでウロウロ歩き回ります。あとで「ウロウロしてごめんね」と姉たちに謝ると、「あら、そうだった？」なんて、まったく気にしていないような返事をしてもらい、助かりました。

夫の会社の運動会が年１回あったのですが、そこにも息子を連れて行きました。買い物に一緒に行くと、片手で荷物、片手で息子になるから手が開きません。レジでお金を払うときは、じっとしない息子を足で挟んで「ここから、お金を取ってください」と財布から直接取ってもらったこともありました。

世間では奇異な目で見られていたかもしれません。でも、今まで接した人から、嫌な気持ちになることはありませんでした。みなさん温かく見守ってくれました。隠さずオープンにしていたことが、かえってよかったのかなと思います。

今は、息子も落ち着いたので、そんな苦労はなくなりました。だから、今度は私が、障がいのある方を街で見かけたときは、近寄って声がけをするようにしています。孤独を感じることが一番つらいとわかるので、できることをしたいのです。

今考えると、いつもオープンであることは、父の影響が大きいかもしれません。

戦争が終わって間もなく、家族で長崎の新地町の商店街に住んでいました。その頃はまだ貧富に差もあったし、日本人だけでなく中国人も住んでいました。父は町内会長をしていたので、いろいろな人がうちに相談を持ち込んできました。

そんなとき、父は誰にでも平等に接していました。ごく自然だったので、それが当たり前だと思っていたけれど、大人になってから、「なかなかできることではない。父は偉かったな」とわかりました。

私も「障がいを持っていても持っていなくても、それが軽くても重くても、どちらでもいいじゃない」と考えるようになったのは、父のおかげです。

6人家族で住んでいた家には、姉たちやその家族、友達、夫の兄弟、義両親の友達、仕事関係の人、近所の人、「障がい児・者の親の会」のメンバーなど、いろいろな人が遊びに来てくれました。息子にとっても、いろいろな人と接することができたのはよかったなと思います。

子どもたちがまだ小さかった頃、お正月に、来客から娘にだけお年玉をもらったことがありました。たぶん、息子はわからないだろうと配慮されたのでしょう。そうしたら、娘が「お兄ちゃんの分もください」と言うのです。

恥ずかしかったけれど、娘の優しさがわかり、ちょっとうれしかった出来事でした。

人の家庭事情に立ち入らない。踏み込みすぎれば人間関係はぎくしゃくする

親しく付き合っている友達でも、家族のことをよく知らないことがあります。自分から話されない限り、私のほうから踏み込んで聞くことはありません。ずかずかと人の家に土足で入っていくようなことはしたくないし、入って来られるようなお付き合いは好きではないです。いつもオープンではありますが、それはまた別のこと。踏み込みすぎれば、人間関係はぎくしゃくします。長い人生で、そのあたりの勘所がつかめるようになりました。

近所の人と立ち話をすることはありません。人の噂話にはあまり興味がないし、人は人、私は私だと思っています。お向かいの方とも、噂話はせずに、織り物、編み物、

野菜作りなど趣味の話で盛り上がります。仲のいい人は、同じタイプが多いです。

とはいえ、噂話が好きな人を無視できないこともあります。また会わないといけない人だと、邪険にもできないし……。そんなときは、こんな方法で乗り切ります。

「○○さん、病気で倒れたのよ」と言われたら、「みんな、あるよね。そんな年齢になったし」と、その話に興味がない雰囲気を出します。「それでどうなったの？」と聞き返しません。

そして、すぐに「お互いに元気にしとこうね」とその話を終わらせてしまいます。相手も話が続かないとわかり、あきらめて退散（笑）。


誰々が嫌、好きではないといったことは、あまり思いません。

ひとりが好きだけれど、人も好き。どんな人でも、自分と違う感性を持っていて、自分と違う意見には考えさせられます。「なるほど、そういう見方があるのか」と。

そういう気持ちがあると、どんな人からも学ばされます。どちらかというと、私は聞き役なほうです。

「楽しい話」をするように心がけています

8歳上の美智子姉とは仲がいいけれど、愚痴を言い合ったりはしません。お互いの持ち場でがんばっていると思うと、それが励みになります。

美智子姉の本を読んで、初めて知ったこともたくさんありました。「こんなに自己管理をしていたんだな」とか「私もピアスを開けてみようかな」とか、一読者として参考になったこともありました。

よくLINE電話で話しますが、込み入った話や深刻な話はなく、縫い物のこと、食べ物のことなど、楽しい話ばかりです。でも、息子のことはいつも気にかけてくれます。この間、「いくつになったの？」と聞かれたので「55歳よ」と答えたら、「そんなになったの？　あなたもよくがんばったよね」と言われました。

楽しく話して大いに笑うのが、元気のもとになるように思います。

遠くに住んでいるので、なかなか会えないけれど、こんな言葉をかけてくれるだけで、「いつも陰ながら支えてくれている」とうれしいです。

日頃から「楽しい話」をするように心がけています。幸い、周りの人は楽しい人が多いです。でも時々、悩み事を相談されることがあります。

「息子がなかなか来てくれない」という人には、「頻繁に来られたら、文句ばかり言われてせわしいわよ」と返します。

物事には裏表があるので、視点を変えて。一緒に「大変ね」と落ち込むよりは、笑いばすようなことを言います。吉本新喜劇じゃないけれど、私が相談したときも、笑い飛ばしてもらいたい。

最後には、相手も「話したらスッキリした。電話してよかった」と明るい声になります。クヨクヨするなんて、時間がもったいない。私自身がたくさん悩んで落ち込んだからわかります。視点を変えてみたら、だいたいの悩み事はどうにかなるものです。

平均年齢83歳の飲み仲間「ドリンク4」。月1回の貴重な情報交換の場

仲のいい高齢者仲間4人と「ドリンク4」を結成し、コロナ禍の前は月1回、飲みに行っていました。私77歳、74歳、78歳、最高齢が87歳です（2019年当時）。おいしいお店を見つけて、74歳の友達が予約してくれました。

みんなで話す内容は、日常の小さなことから、家のこと、ストレスになっていること、困っていることなどなど。悩み相談には、「それはこうしたほうがいい」「あそこに相談したらいい」など、お互いに解決策を提案します。ヒントが得られる、大切な情報源です。月1回、おいしいお酒を飲みながら、いろいろ話して、ストレス解消していました。やっぱりここでも、深刻にならず「楽しい話」をするように。

コロナ禍でしばらくお休みしていました。そろそろ復活させたいのですが、3年以上経ち、ドリンク4のメンバーも状況が変わりました。87歳だった人は91歳になり、施設に入りました。78歳の人は82歳、認知症の症状が出てきています。寂しいけれど、そんな年ですから仕方がありません。

新しいメンバーを募ろうかと思いますが、いろいろと規定があるのです。まず、お酒が飲めること。そして、子どもや孫の自慢話はしないこと。愚痴ばかり話すのもダメ……。大笑いできる、バカみたいな話は大歓迎。夫のこき下ろしもOK(笑)。

無理せずに、いいタイミングで再開できたらと思います。

仲良くなる友達は、お互いに魅力を感じる人です。10歳以上年上の人もいるので、年齢は関係ありません。娘の同年代の友達とも仲良くなり、娘の命日には泊まりがけで遊びに来てくれます。

旅行に一緒に行く姪は15歳も年下ですが、気が合います。今は、猫に夢中で家を離れづらいようですが、以前はよくうちにも泊まりに来ていました。

お婿さんも、息子というよりも友達みたいな存在です。

娘と結婚するとき、２人で決めてうちの姓に変わりましたが、養子になったわけではないので、姓は戻してもいいし、再婚してもいいと思っています。「せっかくなら、バツイチで子どものいる人と再婚したらいいわよ。私たちも孫を抱けるから」と言ったら、お婿さんを泣かせてしまいました。

横浜からこちらにもよく来てくれ、娘の友達とも仲良くなっています。

土日に外出できないなら平日出かける。人と比べず、私は私で楽しめばいい

普通の生活をしようと思っても、そうはできないことはいっぱいありました。

53歳の頃、28歳になった息子が施設に入所しました。ようやくホッとしましたが、今度は義両親の介護が始まりました。義父は1年ほど入院して亡くなり、義母も体調を崩して入院した後に施設に入りました。

週末、息子と義母がそれぞれの施設から戻ってきます。平日はみなバラバラ、だから土日は家族で過ごすと決めていました。

でも、土日は町内会の催しなど、イベントが多いのです。人の集まりも土日がほとんどです。それは全部あきらめました。代わりに、平日できることを楽しもうと切り替えていきました。

自由に出かけられる人をうらやましいと思わずに、「私は家にいて○○しよう」「でかけるなら平日に」と、自分なりの楽しみを見つけていきました。

ピアノの先生は、私が土日に外出できないとわかると、「平日のコンサートに行かない？」と誘ってくれました。周囲の人もわかってくれたのは、ありがたかったです。


自分と人を比べて、うらやむ気持ち。私もかつてはありました。息子が病気になったとき、元気な周りの子たちと比べて落ち込み、引っ越したのは先にも書いた通り。新しい場所で、誰とも比較しないで息子を育てようと思ったのです。

でも、環境を変えてもしばらくは、周りの人と比べて苦しい日々でした。息子の病気を受け入れたときから、ようやく「人と比べない、私は私」と考えられるようになりました。

もちろん、時々「うらましいな。なんで私だけ」と思うこともありました。でも、その都度「私たちに楽しめることをしよう」と、意識的に頭を切り替えるようにしてきました。

これも訓練でしょうか。いつの間にか、人をうらやんだり、ないものねだりをしたりすることがなくなりました。

「孫が来る」という話を聞いても、「いいな、うちには孫がいない……」などとは考えません。人は人、私は私。私は自分のできることを見つけて、楽しめばいい。

そんなふうに思えると、生きるのがとても楽です。

第6章　この先行く道のこと

「お墓に行くまでのルート」はちゃんと用意されているから大丈夫

今はようやくホッとしているところです。生き残った3人が元気で、心配がない。こんなときが来るとは……。

でもきっと、これからいろいろあるだろうと思います。経験したことがないような、相当きついことが起こってくるでしょう。

夫の介護。もう85歳だから、いつそのときがきてもおかしくありません。息子も年をとってきています。車椅子になったり病気になったりしたら、事業所を変えないといけません。自分自身が寝たきりになる、認知症になるということだって……。

でも、不安はありません。それは楽観的ということだけでなく、「こうなったらこうする」というシミュレーションを、さんざんしているから。

社協の仕事でお年寄りに関わり、相談にのってきたので、知識があります。こういうときはどこに相談すればいいか、どんな制度を利用できるのか、わかっています。どんな制度があるかわかれば、自分がどうしたいかも見えてきます。

病気になったら、病院に入る。介護が必要になったら、介護認定を受けて、できれば自宅で過ごしたい。自宅が難しくなったら、介護施設に入る。延命治療はしない。夫か私、どちらかが亡くなり、ひとりになったら成年後見人をつける。息子にはすでにお願いしているので、できれば同じ方にお願いしたい……。

先の先までのプランを練ってあります。

不安や心配の正体は、ひとつひとつときほぐしていけば、解決策が見つかるものです。そして、それぞれに手を打っておけばいい。

これからどんな最期を迎えるのか……と心配する人は多いですが、大丈夫、今の日本にはちゃんとお墓に行くまでのルートは用意されています。ルートが見えれば、不安もなくなります。

とはいえ、実際にこの先どうなっていくかは、誰にもわかりません。今打てる手を打ったら、あとは元気に年をとっていければいいなと思っています。アクシデントがあったら、その都度また練り直せばいい。

予期せぬことは死ぬまで起こるもの。何かあったら、いくぞー！　がんばるぞー！と、ここは楽観的に乗り越えたいと思います。

築 50 年の古家ですが、台所は 4 年前にリフォーム。ビルトインの食洗機もつけました。年をとるほど、使い勝手の良い台所は助かります。

社協という心強い存在。福祉サービスの知識で不安が消える

なんといっても、社協（社会福祉協議会）という頼れる存在があります。何かあったら社協に飛び込めばいい。これが私の大きな安心材料になっています。

それぞれの地域に、社協があります。役所ではありません。営利を目的としない、民間組織です。

高齢者や障がい者、生活困窮者の見守り活動や生活支援などを行っています。他にも成年後見制度の相談や利用支援なども。困ったことを相談すると、「〇〇に行ってみるといい」「〇〇の制度を使うといい」など、次の行動につながるアドバイスをくれます。いわば、現代の駆け込み寺です。

社協（社会福祉協議会）の主な活動

福祉に関する相談・支援	相談の一次窓口として、相談内容を聞き取り、利用できるサービスや適切な支援機関を紹介
日常生活自立支援事業	認知症など、判断能力に不安のある人が、自立して日常生活を送れるようサポート。身寄りのない、ひとり暮らしの高齢者に心強い **●福祉サービスの利用援助** ・福祉サービスに関する情報提供や助言 ・福祉サービスの利用手続きや支払いのサポート ・苦情を申し出るためのお手伝い **●日常的な金銭管理サービス** ・年金や福祉手当の手続き代行 ・税金や社会保険料、医療費、公共料金、家賃などの支払い代行 ・日常生活に必要な預貯金の出し入れ代行 ・口座引き落としなどの手続き代行 ・毎月の支出のやりくりなどお金の管理の相談も **●書類等預かりサービス** 預貯金通帳、年金証書、保険証書、不動産権利証、契約書、実印などの預かり （貴金属や骨董、株券などは不可） **●見守りサービス** 定期的な訪問による見守り
生活福祉基金貸付制度	高齢者や障がい者、低所得者を経済的に支援。無利子または低利で貸し付けをしてくれる。敷金礼金等の住宅入居費、介護サービスを受けるのに必要な経費など
権利擁護センター・法人後見	・成年後見制度の利用相談 ・市民後見人の育成と支援 ・社会福祉法人である社協が法人後見となり、職員が後見事務を担当

私は息子のことで、社協にお世話になりました。陰になり日向になり、ずっと支えてもらっています。

娘が病気で帰ってきたときも、社協にSOSを出したら、ケアマネージャーさんを紹介してくれ、訪問医、訪問看護師、ヘルパーさんを手配してくれました。亡くなるまでこのチームで診てくれたので、安心してお任せできました。

助けてもらうだけでなく、社協のスタッフに声をかけてもらい、ピアサポーターとライフサポーターの仕事をしてきました。

助けてもらう側も、助ける側もどちらも経験したので、社協がどんなことをしてくれるのか、よくわかっています。「何か困ったことがあったら社協に行くといい」と、周囲の友達にも、夫にも言っています。家族みんなを社協につなげてあるので、なんとかなると思えています。

ひとり暮らしや身寄りがない、老後が不安という人も、社協がちゃんと支援してくれるから大丈夫です。そうした方の家を回るのが、私がしてきたライフサポーターの

仲の良いご近所さんが育てている綿を分けてもらっています。そこから糸をつむぎ、織り物に。残った綿花をドライにして飾って。

仕事でした。

遠慮せず、どんどん相談するのが大切です。自分ひとりで抱えようと思ったら病気になります。

高齢の友達の中には「社協に行きたいけど、ひとりだと不安だからついて来てほしい」という方もいます。相談内容によっては、家族、年金の金額などプライベートなことを聞かれる場合があるので、「プライベートなことを聞かれてもいいなら」と確認をとってから一緒に行くことも。自分自身の勉強になるなと思って、同席させてもらいます。

介護しやすいようにプチリフォーム。在宅生活を長く続けるために

４つ上の夫は「入院も手術もしない。ここで死にたい」と言っています。だから、私がもうひとがんばりしないといけない。

もし、本当に夫に介護が必要になったら、ビシバシしごくつもりです（笑）。何でもやってあげるのが優しさではありません。できることは自分でやるのが、元気でいるために大切です。

織り物を習いにうちに来ている、訪問看護師の友達。友達と言っても、まだ60代の若い人です。いざというときは彼女に頼みたいと思っているので、夫の行動や性格をよく観察してもらっています。介護疲れしないように、介護保険でお願いできるヘルパーさんなどの支援には、大いに頼らせていただくつもりです。

昨年末に、お風呂のリフォームをしました。手すりをつけて、車椅子でも通れるように、脱衣場との段差をなくしたバリアフリーに。さらに湯船は浅くして、暖房もつけました。介護する人が楽になることを考えて、選びました。

義母を介護していたとき、玄関からリビングに続く廊下に手すりをつけました。最近は、私たち家族だけでなく、来客も高齢なので、門から玄関に続く外の通路にも手すりが必要かなと思っています。

また、靴を履くとき、よろける人がいるので、そうしたとき用の手すりも近いうちにつける予定です。

自分自身も寝たきりになるかもしれません。要介護にはならないようにがんばりたいですが、これればかりはわからない。足が立たなくなったら、覚悟しようと思います。足に「今までありがとう。ゆっくりお休み」と声をかけるつもりです。

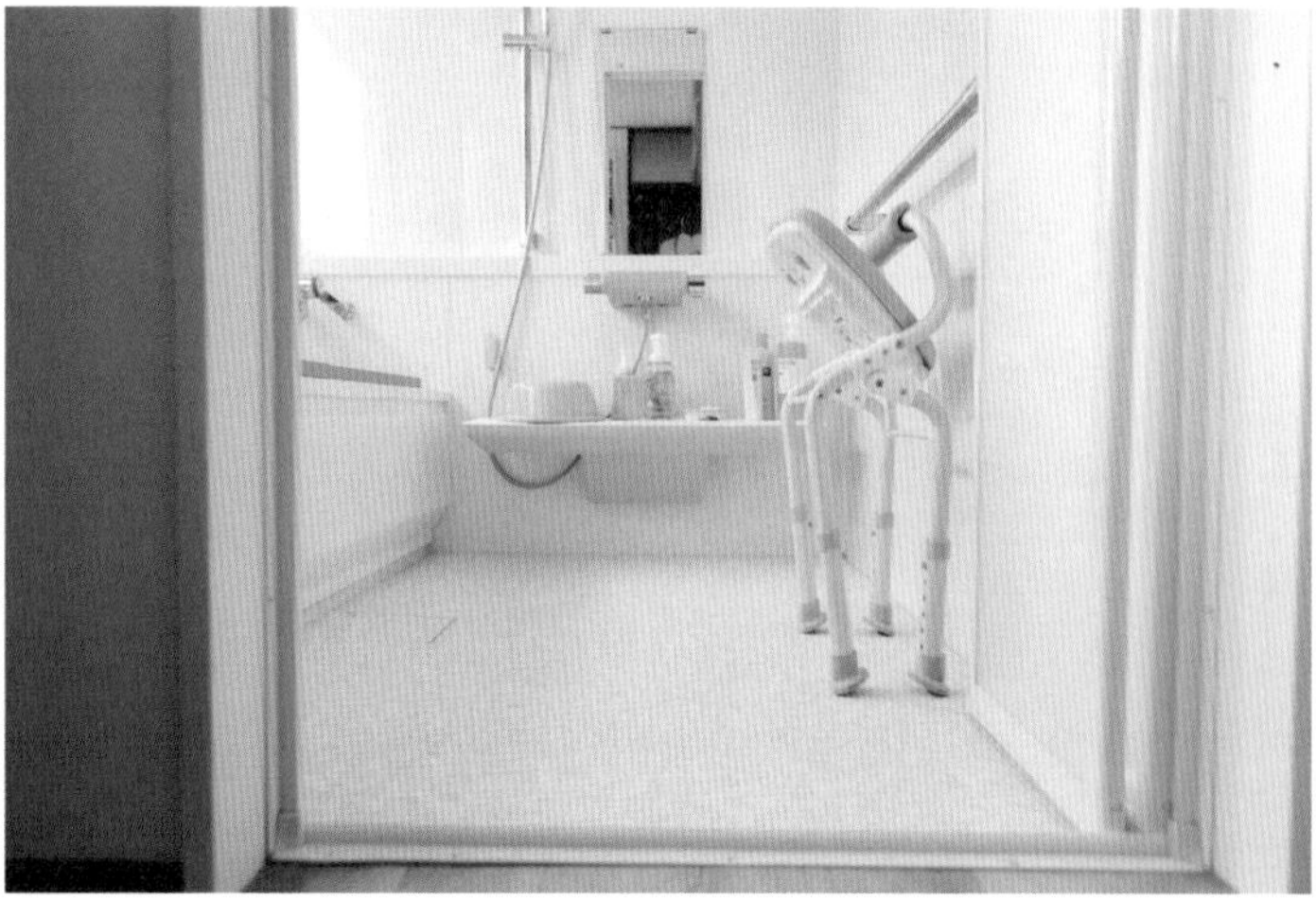

リフォームしたお風呂。以前は昔ながらのタイル張りの壁でした。

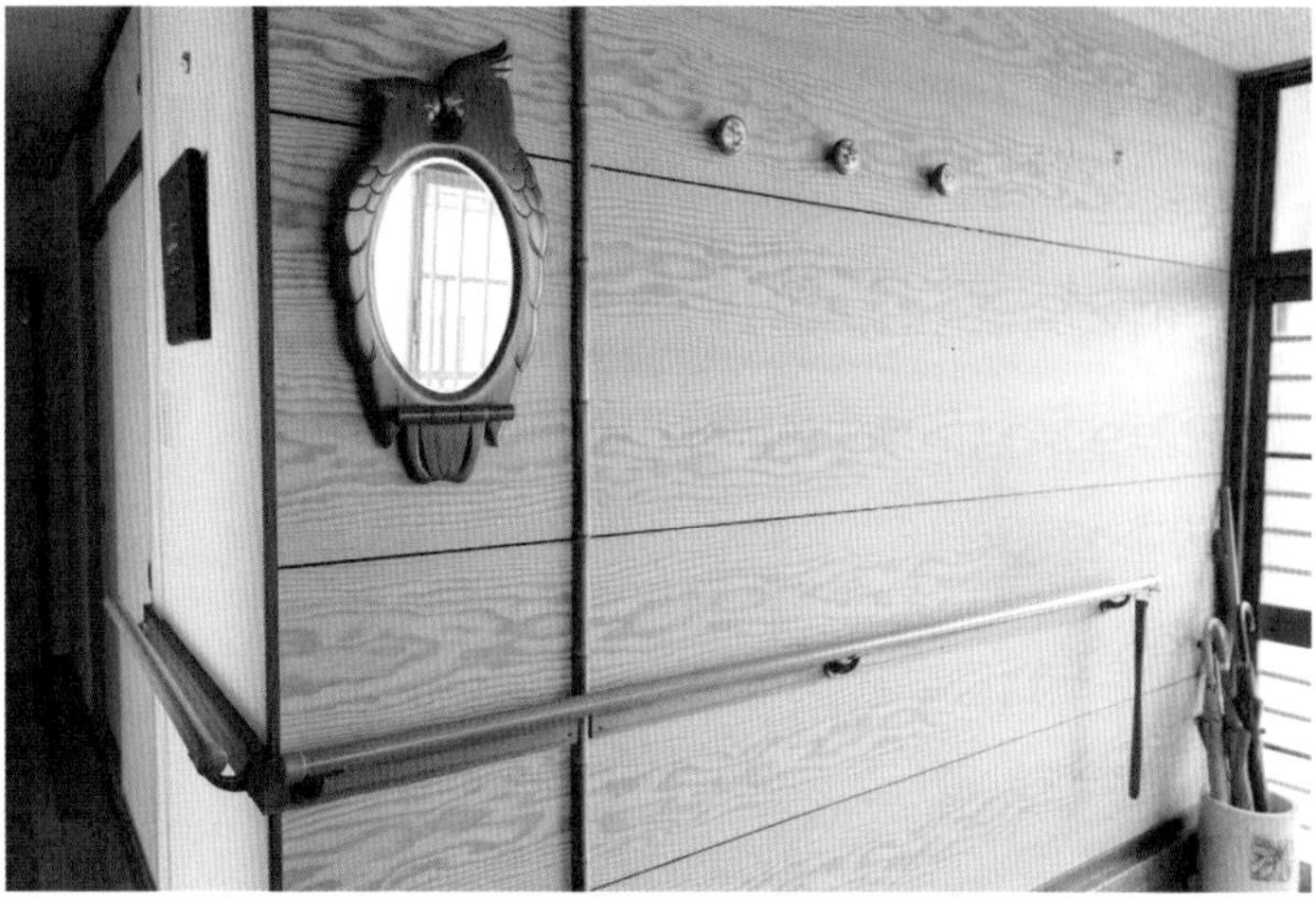

義父母のために 30 年ほど前につけた、玄関の手すり。今では自分たちにちょうどいい。

障がい者の息子にはすでに成年後見をつけてあります

私は「市民後見人」の資格を持っています。地元に、弁護士さんや成年後見人さんの研究会があって、呼んでいただいて勉強していました。休まずに5年ほど通い、市民後見人の資格をいただきました。

自分が後見人になるというよりも、いずれは息子に後見人をお願いするので、どういう仕組みになっているのかなどを知りたいと受けました。さらに、障がい者に対する後見人の制度を充実させたいという思いがあって、研究会で意見や要望をお話ししました。だいぶ意見を聞いていただき、状況は良くなってきました。

その後、息子には、成年後見人をつけました。50代という年齢では少し早いかもし

成年後見制度とは

概要	知的障がい・精神障がい・認知症などで判断能力の不十分な方を支援する制度
種類	**法定後見** 現在の判断能力が不十分な方。「成年後見」「保佐」「補助」に分かれる **任意後見** 現在の判断能力はあり、将来に備えたい方
主な支援内容 （家庭裁判所などの監督下で行う）	**【財産管理】** ・預貯金の管理 ・収入と支出の管理 ・水道光熱費や家賃の支払い ・通帳など証書類の管理　etc. **【身上保護】** ・日常生活の見守りや相談にのる ・介護・福祉サービス利用の手続き ・入退院の手続き　etc.
できないこと	・日用品の購入や日常生活に関すること ・医療同意、入院時などの保証人になること ・婚姻や離婚、養子縁組など身分行為
成年後見人等になれる人	・親族 ・弁護士や司法書士、社会福祉士などの第三者 （※任意後見人は友人や知人からも選べる）

れませんが、息子が元気なうちに、病気のこと、性格などを後見人さんに伝えておこうと思って。いいご縁があり、市役所の福祉課に勤めていた方の息子さんで、社会福祉士の方にお願いしました。息子と同じくらいの年齢で、とてもいい方です。

娘はお婿さんが定年になったら、この家に帰ってきて、「お兄ちゃんの面倒は私がみるから」と言ってくれていました。でも、状況が変わったので、私たちがいなくなっても息子が生きていけるようにと考えました。わが家に、後見人さん、お婿さん、娘の友達に集まってもらい、顔合わせと称して飲み会をしました。娘は亡くなったけれど、娘が縁をつないでくれました。

みなさんの力を少しずつ借りて、前に進みました。

今は、生活は私、手続きやお金は後見人さんと、役割分担。息子は障がい年金を受け取っているので、息子名義の口座に貯めています。今までもらった分も手をつけていないので、まとまった金額が口座に残っています。そこから、施設に払うお金、洋服、オムツなどの生活費、後見人さんに払うお金などを賄っています。

後見人さんには「必要と思うものにはどんどん使ってください」と言っています。使い道は家庭裁判所と相談しているようなので、私はノータッチです。

息子が家に帰ってきたときの生活費だけは、うちで払っています。後見人さんには、「それも請求してください」と言われていますが、「私たちも一緒に楽しんでいるから」と答え、請求はしていません。

今は息子は平日施設、土日は家に帰ってくる生活ですが、将来的に私たちが死んだり、施設に入ったりしたときは、土日も施設で過ごすことになります。そうなるまでは、家での時間を大切に、家族で楽しく過ごしたいと思っています。

施設は、「障がい児・者の親の会」で私たちが市にかけ合い、作ってもらった施設です。当時はまったくありませんでした。とても良い施設で、安心して任せられます。

「親が亡き後が心配だと思うかもしれないけれど、心配をひとつずつ取り除くような準備をすればいい」と研究会で言われ、その通りだと思いました。私たちの老後も同じです。心配を取り除けば、あとは楽しいことしか残らないのです。

お葬式も戒名もいらない。残された人たちのために遺言書を用意して

終活済みなので、お金の心配はしていません。

一番気になるのは、病気になったときのお金ですが、高額療養費制度があるのでそれほどかからないと思っています。夫は、「大きな病気になっても治療は受けない。自然に任せたい」と言っています。私も延命治療は受けません。癌になったら、緩和治療をお願いするつもりです。

私も夫も80歳を過ぎているので、病気になっても長くは生きられないから、今の貯蓄で賄えると思います。残さないように、使い切りたい。息子にはもう持たせているので、心配していません。後見人さんからも「十分にやっていけます」と言われました。

この家は、お婿さんに託すことにしています。売るなり、住むなり、貸すなり、好きにしてもらっていい。もし、お金が残ったら、お婿さんと息子で分けてほしい。

少ないとはいえ遺産は、残された人がもめる原因になるので、遺言を書いておこうと思います。夫はすでに書いたようですが、自分が先に亡くなることを前提にしたものだけだそう。

「どちらが先に亡くなるかわからないよ。私は、自分が先、もしくは後になったときの2通用意しておきます」と伝えました。夫にも、自分が残ったときのものも用意してもらいます。

成年後見人の研究会で遺言の書き方も教えてもらったので、参考にします。

私が死んだら、お葬式も戒名もいりません。息子のお金は、余ったら後見人さんに国に返上してもらいます。

「昔はよかった」とは思わない。いつでも今が一番いい

70代の頃までは、仕事もしていたし、私の気持ちが外に向かっていました。そのときそのときで、楽しいことを見つけてワクワクしていました。80代になった今は、仕事は引退し、趣味や家のことなど、70代までとは違うワクワクを味わっています。

今まで逆境に立たされることが多かったけれど、いつも明日は今日よりちょっとでも良くできないかと考えて、生きてきました。知恵を絞って工夫をすることは、楽しい。つらいことでも、自分で工夫して乗り越えると、心が弾みました。

努力しても報われないことはあるけれど、それでも、また明日。また、明日、明日、明日……。今でも毎日がその連続です。

織り物は縦糸を張る作業が一番手間で、その後はどんどん織っていけます。

高齢になると「昔はよかった」と言う人もいるけれど、そう思うことはありません。ずっとよかったと思っています。「もっと良くしたいから、もっと工夫しよう」と前を向いたことは、いつでも生きる力になりました。

それに、「昔はよかった」なんて、自分がかわいそうです。昔も今も一生懸命生きているのに、自分を否定するような言葉だと思うからです。

義母が元気だったとき、息子を見て、「あの子は小さい頃は頭が良かったから、病気にならなければ今頃……」と寂しそうに言ったことがありました。息子への愛情があるからこその言葉だったのでしょう。

でも、私はそれどころではありませんでした。目の前のことに対応するのが精一杯でした。

昔の自分を振り返ると、人生経験もなくて幼ないし、知恵もない。今の私ならやらないことがたくさんあります。でも、そのときは一生懸命でした。力不足だったけれど、自分なりにベストを尽くしました。逃げずに真正面から取り組んできました。だから、後悔はありません。

今度同じようなことにぶつかったら、「次はもっと違う方法でやってみよう」という気持ちで、いつも前に進んでいます。

今頃になってわかったのは、失敗や挫折は次に進むための助走だということ。走り幅跳びや高跳びをするときは助走しますが、これと同じ。目標をクリアするために助走は必要だったんだと。思いがけないことが起こったとき、難題が降りかかってきたとき、「これは助走だ。しっかり走れば、目標をクリアできる」と思っています。

50年以上、私の人生を見守ってくれた庭の欅を眺めながら死にたい

この家が好きです。

3歳のときに母を亡くし、姉たちは母親代わりになってくれたけれど、お嫁に行ったりして、だんだん家族が減っていったのは寂しかったのです。だから、結婚するなら大家族がいいなと思っていました。

結婚してから、息子の病気のため、夫の両親と一緒にこの家に引っ越して来ました。義両親との同居に苦労をした姉たちは、心配してくれました。でも、私は大家族がいいと思っていたので、この家に家族6人が集まったとき、「私の理想だ」と思いました。

今日から、家族を大切にして、ずっと楽しく暮らしていこうと決心しました。

義両親とは、意見が合わないこともありました。なかでも息子の育て方に関しては、義両親にもいろいろ思うことがあったよう。息子がもう元に戻らないとわかったとき、義母から「施設に預けなさい」と言われました。でも、私は自分で育てたかったので、それを通しました。

少し大きくなってから、義父が「学校にはやらんでいい。ここでみんなで育てよう」と言ってくれました。でも、私は家に閉じこもっているよりも教育が必要だと思ったので、養護学校に行かせました。

こんなふうに、時にはぶつかりながら、徐々に家族になっていきました。

娘が最期に過ごす場所として選んでくれたのも、この家でした。

庭に欅《けやき》の木があります。この家を建てたときに、一緒に植えました。それから、ずっと私を見ていてくれています。欅のような大きな木は、建物の近くに植えると、根が基礎を壊すほど成長すると言われています。だから一度、欅を切ってしまおうという話も出ました。でも、私は「ちょっと待って」と……。

欅の木は、冬は葉を落として家の中に日光を入れて暖かくし、夏は葉を茂らせて日光を遮ってくれます。リビングの私がよく座るソファから、寝室のベッドの近くの小さい窓から、欅が見えます。

良いときも悪いときも、陰になり日向になり見守ってくれる私の「守り神」のような存在。欅の木を眺めながら、この家で死ねたらと願っています。

姉妹対談

多良美智子（たら・みちこ）

昭和9年（1934年）長崎生まれ。8人きょうだいの7番目。10歳のとき母を亡くし、父や姉たちに育てられる。小学生のとき戦争を体験、被爆する。27歳で結婚後、神奈川県の現在の団地に。8年前に夫を見送り、以来ひとり暮らし。2020年に10代の孫と始めたYouTube「Earthおばあちゃんねる」では、日々の暮らしや料理をアップし、登録者数16万人を超える大人気チャンネルに。

著書に12万部のベストセラーとなった『87歳、古い団地で愉しむ ひとりの暮らし』『88歳ひとり暮らしの 元気をつくる台所』(共にすばる舎)。

子どもの頃の思い出

久美子　8歳離れているので、一緒に遊んだことはなかったわね。私が小学生の頃は、もう高校生でセーラー服を着てイキイキと女子校に通っていたから、大人のイメージやった。

美智子　私にとって久美子は、妹というより娘ね。姉は6人もいたから、母親が6人いたみたいだったでしょう。母が早くに亡くなったから、「寂しい思いをさせてはいけん」って、みんな思ってたんよ。久美子が小学生のとき、「友達の誕生会に、この洋服を着て行きたいけど、アイロンがかかっとらん」って泣いていた。私がアイロンをかけてあげたら、ニコニコして誕生会に行ったのよ。

久美子　一番下だから、父には怒られたことはなかった。姉たちが怒られているのを見ているから、下は学習をするんよ。反面、ハメを外したいとも思っていた。高校生の頃、父の会社が倒産して、大学に行かないで就職すると決めたら、弾けてね。進学校に通っていたから、勉強が忙しくて遊ぶ暇がなかった。だから、初めて、隠れて映画を見たりして。

美智子　久美子は頭が良かった。みんなは普通の中学に行くけど、付属中学を受験したし、高校でもまた受験して進学校に入学した。

久美子　真面目だったんよ。姉は自立心が強い。高校卒業して大阪に行くなんて、私にはとてもできなかった。

その頃から、こういうふうに生きたいという思いが、確立していた。でも、そういうことは話さなかったから、姉の本を読んで初めて知ったことが多かったわね。

美智子　ふたりとも根掘り葉掘りは話さないしね。

――父や母の思い出

美智子　大阪の仕事を辞めて帰ってきたのは、父の会社が倒産して、父と久美子が2人で暮らしていたときだった。

久美子　そう。父が借金の保証人になって、保証倒れに。家が競売にかけられて、父と私の2人で、2間しかないアパートに引っ越したんよ。いい生活からどんどん落ちていく感じで。私はそこから高校に通っていた。

美智子　長崎に帰って、私はまた勤め始めたのよ。家にお金は入れていなかったけど、時々父から「お金を出しておいて」「家賃を払っておいて」と言われたことがあった。私の給料を当てにされていたので、「手助けしないと」と思っていた。父は仕事をしていたけれど、お手伝い程度だった。

久美子　その頃、父は大工さんに相談しながら、一軒家を自分で建ててたんよ。落ち込んでいたわけではないけれど、何かやりたくてもお金がない。事故にあったのは、そんなときだった。

美智子　事故で父が亡くなったとき、母が呼んだなとすぐ思った。自分で商売をし、戦争で長男を亡くし、翌年、妻を癌で亡くした。顔には出さなかったけれど、子ども7人抱えてずっと大変だったと思う。

久美子　父と母は一緒に商売をしていたから、「よく喧嘩しとった」と姉たちから聞いた。

喧嘩の原因は、保証人のことだったのかも。母が生きているうちは、しっかり手綱を引いていたから、父がハンコを押すこともなかった。母がいたら、商売はもっと繁栄していたかもしれない。

美智子　母はきれい好きで、家事も完璧。仕事で市場に行くときも、必ず真っ白な足袋を履いていたのを思い出す。裏が汚れたのを見たことがない。でも、姉たちは「そんな完璧主義なところがきつかった」と言っていた。母は姉たちには厳しかったけれど、久美子が生まれるまで末っ子だった私は怒られたことなかったね。

久美子　倒産後に3人で暮らしていた頃、夜中に父の友達が迎えに来て、父が慌てた様子で出かけて行ったのを覚えとる？

その友達が飲み屋で、戦死した兄と戦場で一緒だった人と偶然隣り合わせになったそう。「ビルマで、怪我をしていたけどまだ生きていた。でも、その後の消息はわからない」と、その人に言われたって。

それを聞いた父は寝巻きからスーツに着替え、家を飛び出していった。あんなにうろたえた父を見たのは、後にも先にも一度だけ。

父が貿易の仕事を始めたのも、兄を探していたのかも。アジアのどこかで生きていて、仕事をしてるんじゃないかと。

美智子　「英語もしゃべれるし、そんなに簡単に死ぬわけはない。現地に溶け込んで生きとるはずだ」と父はずっと言っていた。その思いがあったから、大変な仕事を始めた。きっと兄を訪ねたかったのね。

久美子　そうね。戦争に行く前、兄は父の片腕だったから。たったひとりの息子だったし。

美智子　兄の遺骨だと言って白木の箱が送られてきたとき、中には石ころが入っていた。あきらめきれなかったんだろうね。

――息子や娘のこと

美智子　今まで、久美子から不平不満を1回も聞いたことがない。私には真似できないと思う。妹ながら、尊敬している。私は何もできないから、ただ見守るだけ。

久美子　不平不満はないんよ。子どもがかわいいから、力を出そうと思ったら出るね。

美智子　私も80代になってから、2人暮らしになった次男親子のところに、リュックを担いでご飯を作るために通ったことがあった。今日は何を食べさせようかなと考えて作り、うれしそうに食べる次男親子を見るのは楽しかった。

久美子　そう。大変だけど楽しいのよね。

美智子　うちの息子たちも一緒に、久美子の家に泊まったね。

久美子　みんながわが家に来てくれることが、とても力になった。お正月に、家族や親戚が13人もいるのに、姉たち家族4人が乱入したことも（笑）。合計17人になって、みんなでわいわい。ちょろちょろする息子がいようがいまいが関係ない。楽しかった。

美智子　どんなことでも受け入れてね。こんなはずじゃなかったとは、思ったことはない。それより「こうしたほうがいい」と、前向きに考える。わが家もいろいろあった。でも、その分、絆が強くなったわね。

久美子　私も息子が病気ではなかったら、とは考えたことはない。1日1日が精一杯で、そんなふうに考える余裕がなかった。逃げたのは、息子が病気になってすぐ、同級生と比べてつらくなって、社宅からこの家に引っ越したときだけ。

この間、ここへの引っ越しをすすめてくれ

た夫の上司の方が亡くなったの。その方は陰になり日向になり、支えてくださった。養護学校に通っていた頃、修学旅行前に電車に乗る練習を息子としたことがあって。ちょうど、その方の出勤時間と重なった。なんとなく息子を和ませてくれて、私もほっとしたことがあった。忘れられない出来事ね。

美智子　孤立していなかったのがよかった。外に出て、いろんな人とつながっていたから。

久美子　どんな状況でも、不思議と助けてくれる人が出てこられるのよ。だから、楽しかった。苦労はたくさんあったけど、「嫌だ嫌だ」と思ったことはないね。毎日、「やるぞ!」と思っていた。娘の看病のときも、残念な結果ではあったけれど、精一杯やった。

美智子　彼女は、本当にしっかりしていた。好きなことをして、亡くなった。太く短く生きた。

久美子　全部自分で選択した。自分でレールを敷きながら進んで行ったから、挫折もしたけれど、より強くなってよみがえってきた。

美智子　最期は実家を選んだって聞いて、私もうれしかった。

久美子　息子も娘もよくがんばったと思う。昨日、用事があって息子の施設に行ったら、ウォーキングをしていた。土曜日に夫が迎えに行くと、喜んで出てくるけれど、そのときの息子は「何しに来たの?」って感じ。気持ちを切り替えられるようになったのよ。だから、今の生活を1日でも長く続けたい。夫も、「あの子がいるから元気。いなかったら、今頃寝たきりになっとるかもしれないね。支えてるつもりが、支えられてる」って言ってる。私も同じ気持ちよ。

美智子　大変なことでも、どこかに楽しい部分を見つけてね。息子には、「お母さんも、久美子おばちゃんも明るいよね」って言われる。これは、多良姉妹の特徴かもね。

――これからのこと

美智子　あのエプロン（P140）、すごく素敵だった。

久美子　YouTubeで着てくれてありがとう。注文が殺到したらどうしましょう（笑）。まさか80代になって、アメリカのネット通販で売るエプロンを作ることになるとは。人生、まだまだ何が起こるかわからんね。

美智子　肩紐が裂き織りのエプロンは見たことがなかったから、新鮮だった。それまで、裂き織りを持ち手にしたバッグは作っていたけど。

久美子　そうそう。若い人のセンスはすごい。

美智子　私も久美子に影響されて、自分でも織りたいなと思って、手織り機を買ったんよ。でも、自分ではなかなかうまくいかず、ここに手織り機を持ち込んで教えてもらい、やっと少しずつできるようになってきた。

久美子　よく、「こんなバッグ作ったんよ」ってＬＩＮＥで写真を送ってくれるから、それを見て私も「作ろう」って、やる気になる。

美智子　私も同じ。出来上がった作品の写真を見せ合うのが楽しい。好きなものが似ているから、「この布に、こっちの布を組み合わせるのか」「ここに刺し子を入れると、素敵ね」と参考になるの。

久美子　来年は、熊本の伝統工芸展に裂き織りの作品を出品してみようと思っている。今まで考えたことはなかったけれど、85歳の織り物仲間に誘われたんよ。

美智子　いいね。私もせっかく織り機を買ったので、もっと作品を作りたい。

久美子　わからないことがあったら、いつでもどうぞ。今度は、私がそちらにお邪魔しようかな。行きたい場所もあるし、会いたい人もおるから、しっかり計画せんとね。

多良久美子（たら・くみこ）

昭和17年（1942年）長崎生まれ。8人きょうだいの末っ子。戦死した長兄以外はみな姉妹。2歳のときに被爆。翌年母を癌で亡くし、父と姉たちに育てられる。
高校生のときに父の会社が倒産し、進学を断念。24歳で結婚後、4歳で麻疹により最重度知的障がいとなった息子を育てる。娘は早逝。
80歳を前に、長く携わってきた社協の仕事を引退、「障がい児・者の親の会」は相談役に。「これからは私の時間！」と、これまで忙しい日々で細切れにしかできなかった趣味の織り物やピアノに、どっぷりつかる日々。料理やインテリアなど「家時間」を楽しむのが好き。
姉は、12万部のベストセラー『87歳、古い団地で愉しむ ひとりの暮らし』（すばる舎）の多良美智子さん。

デザイン……野本奈保子（ノモグラム）
撮影…………林ひろし
執筆協力……大橋史子（ペンギン企画室）
編集…………水沼三佳子（すばる舎）

80歳。いよいよこれから私の人生

2023年12月13日　第1刷発行
2024年 4月17日　第4刷発行

著　者――多良久美子
発行者――徳留慶太郎
発行所――株式会社すばる舎

〒170-0013　東京都豊島区東池袋3-9-7 東池袋織本ビル
TEL　03-3981-8651（代表）　03-3981-0767（営業部）
FAX　03-3981-8638
http://www.subarusya.jp/

印　刷――ベクトル印刷株式会社

落丁・乱丁本はお取り替えいたします

ISBN978-4-7991-1181-9